Gabriele Ebert

Sunyata:

Das Leben eines
„selten geborenen Mystikers"

Bibliografische Information der Deutschen Bibliothek

Die Deutsche Bibliothek verzeichnet diese Publikation in der Deutschen Nationalbibliografie; detaillierte bibliografische Daten sind im Internet über http://dnb.ddb.de abrufbar.

Gabriele Ebert: Sunyata:
Das Leben eines „selten geborenen Mystikers"
© 2024
Herstellung und Verlag: BoD – Books on Demand, Norderstedt
ISBN: 9783758301780

Inhalt

Einleitung

Der Däne Alfred Julius Emmanuel Sorensen (Sunyata) machte bereits von Kindheit an die *advaitische* Erfahrung der Einheit und Stille. Sie war stets sein natürlicher Zustand. Deshalb nannte Ramana Maharshi, der große Weise vom Berg Arunachala, ihn einen „selten geborenen Mystiker".

Sunyatas Erfahrung war dieselbe wie die Ramanas. Sie erkannten sich gegenseitig als Weise. In Indien gibt es den bekannten Spruch: „Nur ein *Jnani* [Weiser] kann einen anderen *Jnani* erkennen." Deshalb ist es auch nicht verwunderlich, dass Sunyatas Aussprüche an die von Ramana erinnern, obwohl er seinen eigenen Sprachstil entwickelte.

Obwohl Sunyata nie als offizieller Guru fungierte und leugnete, eine „Lehre" zu haben, vertrat er eine *advaitische* Weltsicht und sagte von sich, er habe immer gewusst, dass „die Quelle und ich eins sind". Wie Ramana Maharshi betrachtete er die Stille als die höchste Lehre und das Herz aller Religionen, wobei er mit Stille das Verstummen von Wünschen, Anstrengungen, Eigensinn und Ich-Bezogenheit meinte. Als Ramana Maharshi ihm den Satz „Wir sind immer bewusst, *Sunyata*" übermittelte, nahm er „*Sunyata*" als seinen spirituellen Namen an. *Sunyata* bedeutet die erfüllte Leere.

Quellen über sein Leben sind seine eigenen Berichte, u.a. seine Aufzeichnung „Memory" (Erinnerung), die er im Himalaya geschrieben hat und in der er die Erinnerung an seine Kindheit und seine ursprüngliche Erfahrung der Stille beschreibt.

Gabriele Ebert

Kindheit und Jugend

Sunyata wurde am 27. Oktober 1890 auf einer einsam gelegenen Farm im Norden Dänemarks in der Nähe von Århus geboren. Sein Geburtsname war Alfred Julius Emmanuel Sorensen. Seine Eltern waren der Farmer Soren Sorensen und seine Frau Maren. Er hatte zwei ältere Schwestern: Jeusine und Mary, die 12 bzw. 14 Jahre älter waren als er. Jeusine arbeitete als Krankenschwester beim Roten Kreuz, und Mary heiratete 1897.

Sein Vater war ein stiller Mann, der sehr kompetent in seinem Beruf war, aber sich nicht in häusliche Angelegenheiten einmischte. Emmanuel schreibt: „Obwohl mein Vater sehr aktiv die Farm bewirtschaftete, war er ausgesprochen ruhig und still. Er behauptete sich nicht und machte kein Aufsehen. Tatsächlich sprach er selten, außer wenn andere zu ihm kamen. So lehrte er unbewusst und ohne jede Anstrengung die Stille."[1]

Emmanuels Mutter war gesprächiger und umgänglicher und führte mit Liebe und Effizienz den Haushalt. Sie nannte ihn Emmanuel und hatte ihm auch die Bedeutung des hebräischen Namens erklärt. Im Evangelium wird erzählt wie der Engel Gabriel bei Maria eintrat und die Botschaft von der Geburt Jesu verkündet. Joseph erfährt in einem Traum, dass dieser Sohn der erwartete Emmanuel (Gott mit uns) sei (Mt 1,19-25). Emmanuel verstand seinen Namen immer in der Bedeutung des innewohnenden Christus.

Emmanuel wuchs in der friedlichen, glücklichen Umgebung der Farm auf, umgeben von Feldern und Tieren. Zur Erntezeit kamen Erntehelfer auf die Farm, und alle lebten harmonisch miteinander.

---

[1] Camhi: Dancing, S. XV

Über seine frühe Kindheit sagte er: „Sie war so einfach und bedingungslos, sodass die ersten sieben Jahre als Vor-Ego-Bewusstsein in Erinnerung bleiben. Das Ego und der Verstand machten keine Schwierigkeiten, denn es gab keine Zumutungen, keine Ausbildung, keine Disziplin und keinen Sündenkomplex. Aber es gab Gewahrsein und sogar ein gewisses unbewusstes Gewahrsein von Ganzheit, Einheit und lebendiger Harmonie, was er später als Erinnerung oder Gedächtnis[1] (memory,) bezeichnete. Sokrates hatte denselben Begriff ‚Gedächtnis' [anamnesis] verwendet, um sich auf die Erinnerung an ein Licht des Bewusstseins zu beziehen, das vor der Geburt vorhanden ist. In ähnlicher Weise sah Mencius, der chinesische Weise, der ein Jahrhundert nach Sokrates lebte, den Zweck der Erziehung darin, sich an sein ‚ursprüngliches Herz' zu erinnern. Es ist weise, diese Erinnerung nicht in Wortsymbolen zu zerstreuen und zu verwischen oder zu versuchen, sie anderen zu erzählen, auszudrücken oder zu erklären. Wenn man innerlich versteht (innerstands), gibt es nie das Verlangen, etwas zu beweisen oder zu behaupten oder ein Schmeicheln, um Verständnis oder Liebe zu erlangen."[2]

„Bäume und Tiere verstanden, und sie verlangten nicht, behaupteten nicht und versuchten nicht zu erklären. Mit ihnen fühlte er den wortlosen Austausch, den heilsamen, reichen Inhalt. Sie wussten wortlos, lebendig, und allein mit ihnen fühlte er sich nie einsam oder verloren."[3]

Emmanuel akzeptierte alles, was geschah, genoss es, ertrug es und empfand keinen Drang, die Gesellschaft von anderen zu suchen. Er war ein stiller Zuhörer, Beobachter und sehr mitfühlend.

---

[1] „Memory" ist auch der Titel seiner Autobiografie. Sunyata schrieb von sich oft in der dritten Person.
[2] Sunyata, S. 3 f.
[3] Nectar. S. 7

Er erzählt, dass er mit acht Jahren begann, Wünsche und ein Ego-Bewusstsein zu entwickeln und in Gefahr war, dieses ursprüngliche „Gedächtnis" zu verlieren. Als Erinnerung, sein Selbst nicht zu vergessen, stellte er einen großen Stein wie ein *Lingam* am Wegesrand auf. „Der Gedenkstein schrie nicht laut genug. Die Erinnerung (memory) wurde immer unregelmäßiger im Bewusstsein, und der Wikingerjunge geriet in den Griff der Begierden. Der klare Blick und die ruhige Anmut wurden durch das Spiel des Ich-Bewusstseins verwischt. Aber nicht ganz. Auch da gab es immer noch die seltenen Momente, in denen das Zusammenspiel von Einsamkeit und Stille das Lied meines Selbst wiedererweckte."[1]

Schließlich erlangte er seine „Unschuld" wieder, wie er es formulierte. „Die erste und die zweite Unschuld scheinen ähnlich zu sein, doch ihr unmittelbarer Hintergrund ist unterschiedlich. Wie durch unsere Leiden, wenn sie realisiert und lebendig angenommen werden, etwas hinzugefügt wird, so wird auch in der zweiten Unschuld etwas hinzugefügt. Die Erinnerungen an ein kürzlich aufgeführtes Schattenspiel sind, obwohl sie in den Details verblasst sind, selbst wie Schatten auf der Leinwand der Erinnerung und machen uns das Licht der Leinwand der Stille bewusster."[2]

„Zu gegebener Zeit kam der Einfluss der Schule und der Spielkameraden. Die erwachsenen Kinder versuchten, Wujis[3] Werte- und Wahrheitsbewusstsein zu reformieren, zu verbessern und „weiterzuentwickeln". Sie versuchten, ihm ihre Pflichtkomplexe, Sündenkomplexe und geistigen Scheuklappen aufzudrücken, versuchten, ihn nach ihrem Idealbild zu formen, aber vielleicht mit weniger als durchschnittlichem Erfolg. Der sensible, passive und empfäng-

---

[1] Sunyata, S. 19
[2] Nectar, S. 9 f.
[3] Sunyata nannte sich u.a. Wuji, s. S. 65

liche Junge erwies sich letztendlich nicht als gutes Medium, aber er wurde auch nicht als schlechtes oder unmögliches Medium empfunden. Er fügte sich passiv und pflichtbewusst, aber nicht eifrig. […] So wurde er nur wenig beachtet und dann wohl als sehr durchschnittlich angesehen. Sein Schweigen war der Mantel der Unsichtbarkeit, und wenn er bemerkt wurde, dann als stiller, freundlicher, passiver, unaufdringlicher, langweiliger, aber ziemlich harmloser Junge, ein wahres Kind meines irdischen und himmlischen Vaters.

Welch ein Segen in meinem Fall, unbemerkt zu sein und in Ruhe gelassen zu werden. Es kann wahre Nächstenliebe, wahre Höflichkeit, wahre Würde und wahre Liebe sein, die Mitpilger und besonders die Kinder in Ruhe zu lassen, sie sein zu lassen und nicht zu versuchen, sie zu inspirieren und ihnen ‚Gutes zu tun‘, indem man seine eigene gute Wahrheit über sie, an ihnen und für sie behauptet. Ihre Wahrheit mag anders sein, wunderbar anders, und unsere Aufgabe ist es, unsere eigene Wahrheit zu leben. Es ist nicht alles Gold, was glänzt, und die Goldene Regel ‚Was du willst, was man dir tut, das füg auch keinem andern zu‘ könnte auf bestimmten Ebenen geändert werden. Ihre Bedürfnisse mögen anders sein.“[1]

„Wujis Kindheitsvorstellung von ‚Gott‘ war nicht sehr persönlich. Wenn Gott die erste Person Singular war, die immer vor uns stand, dann nicht als das orthodoxe Bild eines Wesens mit langem Bart und Heiligenschein außerhalb seiner selbst. Wuji war sich keiner sehr klaren Unterscheidung zwischen Himmel, Hölle und Heimat bewusst. Alles schien hier zu sein, und Gott war irgendwie auch in der Hölle, wenn ich dort war. ‚Bettete ich mich in die Hölle [ins Totenreich] und wohnte ich am äußersten Meer, auch dort …‘[2]

---

[1] Nectar, S. 13 f.
[2] s. Psalm 139,7-10

– ‚In Ihm leben, bewegen wir uns und haben unser Sein. Ob wir leben oder sterben, wir sind im Herrn.'[1] Auf diese Worte reagierte Wuji sehr schnell, und obwohl ihm der Begriff ‚Er' nicht besonders gefiel, waren es eher Gefühle als Gedanken.[2]

„In der reichen Einsamkeit meiner Kindheit schien das Leben selbst ein bewegendes Gebet zu sein, und so gab es weder einen Drang noch eine Gelegenheit für mündliche Gebete und Lobpreisungen. Was gab es, um dafür zu beten? Wen sollte man mit Worten loben oder verehren?"[3]

„Wenn mich als Kind Schwierigkeiten, Probleme und Entscheidungen bedrängten, ging ich fast immer instinktiv nach innen und betrachtete sie von dort aus. In der Einsamkeit und in der Stille suchte das Kind instinktiv die Erinnerung, und in ihrem mystisch-klarem Licht wurden die Schmerzen und Probleme normalerweise geheilt oder akzeptiert. Langsam oder schnell gab es eine Art von Antwort auf mein Wohin, Wie und Warum? Durch Versuch und Irrtum, durch Prüfung und Erfolg lernt man, sich im Licht der Intuition zu bewegen und zu handeln. Die Führung durch den inneren Guru empfand ich als realer und befriedigender als die Ratschläge, Anregungen und Erklärungen von Mitstreitern in Bezug auf meine eigenen Schritte zum ‚Tao'.

Wenn man sich in Bezug auf seine tiefsten Probleme und seine wahre Richtung nicht auf Ratschläge, Mitgefühl oder Liebe von außen verlässt, ist man weniger verwirrt. Man mag langsamer gehen, man mag anfangs stolpern und fallen, sich Verletzungen und Narben holen, aber man lernt durch seine eigenen Fehler, sie nicht zu wiederholen. Man

---

[1] s. Apostelgeschichte 17,28; Römer 14,8
[2] Nectar, S. 8
[3] dass., S. 37

lernt seine Schwächen und Stärken kennen, und wenn man allein geht, gehört einem der Frieden im natürlichen Rhythmus und Schwung, einfach und ungezwungen."[1]

Sunyata erzählt von einem Erlebnis von doppeltem Bewusstsein in seiner Jugend: „Ein Fall von gleichzeitigem dualem Bewusstsein ereignete sich im körperlichen Alter von elf oder zwölf Jahren, als ich bei einer Kinderparty war. Wir spielten wie andere Jungen. Mitten im Spiel war ich plötzlich auch außerhalb des Spiels. Ich spielte weiter, war ein Teil des Spiels, aber auch getrennt von ihm. […] Ich sah meinen Körper und das Spiel voranschreiten, sah die einzelnen Teilnehmer subjektiv, aber auch objektiv als Akteure, die von einer Kraft angetrieben wurden, von der sie glaubten, sie beherrschen zu können. Ich sah sie schwingungsmäßig so, wie sie waren, und auch so, wie sie dachten, dass sie waren, Egos, die durch Namen und Form bekannt waren. ‚Was tun wir alle? Wir werden benutzt. Von was? Was ist der Sinn des Ganzen?'

Ein Teil von mir spielte und redete wie von selbst über Gewöhnliches weiter, wenn auch in einer seltsam wehmütigen Stimmung, doch meine ‚Seele' war nicht im Spiel. Bald schien einer der Jungen meinen Zustand zu bemerken. Er war ein Jahr jünger, und ich bin sicher, dass wir den Perspektivenwechsel gemeinsam erlebten. Ein wortloser Blick und eine spätere Frage von ihm gaben mir Gewissheit. Wir waren beide augenblicklich ‚offen' und doppelt bewusst. Außerdem befanden wir uns beide an der Schwelle zur Adoleszenz."[2]

Emmanuel besuchte die Dorfschule nur bis zur 8. Klasse. Schon früh erkannte er, dass diese Art der Bildung den Geist prägte und für ihn mehr ein Hindernis für das Fließen

---

[1] dass., S. 39
[2] dass., S. 24

der Wahrheit war. Er schreibt: „Ich betrachte mich als glücklich, der Kopferziehung (headucation) entronnen zu sein. Ich wollte sicherlich nicht länger unter ihr leiden als ich musste."[1]

Über das Bildungssystem sagte er: „Was für ein Wahn nach Ego-Ausdruck ist der sogenannte ‚Selbst-Ausdruck' der modernen Erziehung, gefördert, geleitet und gefärbt von diktatorischen Macht-Politikern, weiß, rot, grün, braun und schwarz. Wie wenige der *Shakti*-Spieler haben die Kraft der Reife oder der Erinnerung (memory), um wieder in die Leichtigkeit des Seins und in das Bewusstsein des ewigen, nicht anstrengenden und immer gegenwärtigen Selbstausdrucks hier und jetzt zu erwachen?"[2]

Er schreibt weiter: „Von Kindheit an war ich egofrei, wunschfrei, planfrei und sorgenfrei. Intuitiv war ich mir des innenwohnende Christus-Bewusstseins schemenhaft gewahr. Weder wurde der Geist noch das Ego während der ersten sieben oder sogar vierzehn Jahre meiner einsamen Kindheit entwickelt, um Schwierigkeiten zu bereiten. In der reichen Einsamkeit war ich mit mir selbst im Reinen – in der Natur und überall. Ich erfuhr Harmonie, Zufriedenheit und ein stilles, gesegnetes Gewahrsein des Ewigen.

Die mystische Stille war das befriedigende Medium. Es war die Stille von Wunsch und Gedanken. Gott war einfach, und es befriedigte mich, dass er durch Vorstellungen nicht verborgen und durch Worten nicht verwischt war. Ich dachte nicht an Gott oder über ihn nach. Alles war wirklich und einfach. In dieser mystischen Klarheit gab es keine Anstrengung, das Geheimnis des Seins und Werdens zu erklären oder zu verstehen. Das Seltsame (aber völlig Harmonische) drängt zu leben und zu sterben. In dieser Kindheit

---

[1] Camhy: Dancing, S. XVI
[2] Sunyata, S. 119

war die vereinigende Art, Gott zu erfahren, das eine Leben als alle wandelnden Formen allumfassend gewahr zu sein."[1]

„Ich hatte eine Leidenschaft für die Einsamkeit und war nicht einsam, wenn ich allein war. Eigentlich war ich ganz eins in der Einheit und war ganz ich selbst. In diesem Lebensspiel war ich weder auf der Suche nach einem Guru, Gott, Wahrheit, Gnade, Erlösung, *Nirvana* oder Machtgelüsten, noch hatte ich einen Schuldkomplex. Ich hatte keinen Ehrgeiz, anders zu sein, als ich bin. Glücklicherweise war ich der Kopferziehung (headucation) entkommen und war frei von jeglichem aufgezwungenen Wissen. Ich hatte keinen Besitz. Ich heiratete nicht. Ich gehörte keiner Clique oder Glaubensgemeinschaft an. Ich wurde nicht von ihrem Magnetismus angezogen. Ich fühlte, dass alles in unserem Selbst ist. Ich hatte nichts zu behaupten oder zu verübeln. Ich hatte auch nichts, womit ich mich rühmen oder was ich bedauern könnte. Ich war vollkommen zufrieden. Ich hatte Freude an dem, was ist. Was auch immer geschah, wurde von mir in positiver Passivität, negativem Vermögen und intuitiver Sensibilität akzeptiert. Es war eine ‚Mystik der Teilhabe‘ in müheloser Empathie. Diese Haltung ließ mich die verschiedenen Kulte und Glaubensrichtungen wohlwollend akzeptieren. Ich verurteilte sie nicht, noch empfand ich irgendeine Begeisterung für sie. Ich sah viele schöne Unterschiede zwischen ihnen. Sie waren verschiedene Annäherungen an das Ziel des einen, vereinigenden Selbst."[2]

Er erklärte seinen Zustand auch folgendermaßen: „Das Sanskrit-Wort ‚*Chit*‘ würde ich als reine, intuitive Intelligenz, reine Erkenntnis oder bewusstes, unmentales und unpersönliches Gewahrsein übersetzen. Es ist das Bewusst-

---

[1] Camhy: Dancing, S. XVI
[2] dies., S. 237

sein, das wir haben oder sind, wenn wir in einem Körper erscheinen und auch wenn wir ihn verlassen. Dies ist für die Egojis[1] ziemlich schwer zu verstehen, aber es war in meinem ego-freien Bewusstsein in meinen sieben Jahren der frühen Kindheit vorhanden. Es war unmentales Bewusstsein, ego-freie Intelligenz."[2]

Als Emmanuel vierzehn war, zerbrach für ihn eine Welt, denn sein Vater verkaufte die Farm an Fremde, die das Land nicht respektierten. Er fühlte sich entwurzelt und doch zugleich frei. „Ich entdeckte sowohl meine Flügel als auch meine Wurzeln. Obwohl ich später meine verschiedenen Heime liebte, konnte ich mich überall zuhause fühlen. Es war für mich leicht, ein Reisender zu sein, da ich an keinen besonderen Ort oder ein besonderes Heim gebunden war. Das Leben war eine Pilgerreise."[3]

In dieser Zeit musste er sich auch mit den kirchlichen Lehren auseinandersetzen, denn er wurde konfirmiert.

„Kein Wunder, dass ich mich […] gegen die engstirnige dogmatische und didaktische Predigt des heiligen, aber eher tyrannischen Pfarrers wehrte, der versuchte, mich im Glauben zu bestätigen. Er hatte die Sprache der Besseren, aber nicht die der lebendigen Stille. Er hatte die äußere Autorität, die Gelehrsamkeit, das Amt und die Kraft des Eigensinns, aber die bodenständigen Bauern um ihn herum schienen nicht vom Geist seines Lebens beeindruckt zu sein. Sein heftiges Temperament, seine Intoleranz und seine Verdrängungen, die durch einfaches Verstehen und lebendige Akzeptanz hätten gelindert und gelöst werden

---

[1] Sunyata sprach von den menschlichen Individuen als Egojis, wobei Ji ein Anhang ist, der Respekt und Liebe bezeugt.
[2] Camhy: Dancing, S. 217
[3] dies., S. XVII

können, seine heftigen Sublimierungen waren nicht von Erfolg gekrönt.

Gegen diese wohlmeinende und flammende Säule des Glaubens wurde der Wikingerjunge im Alter von 14 Jahren gestoßen, und der Zusammenprall hatte gesegnete Folgen, obwohl die Begegnung selbst eher schmerzhaft als angenehm war. Die obligatorische Konfirmation war vor allem zur Revolte hilfreich. Ich musste nachdenken, und das Gefüge aus Dogmen und Kirchlichkeit begann sich zu entwirren. Wenn es mir gelang, einen Knoten an einer Stelle zu lösen, war es sicher, dass er sich anderswo wieder verhedderte. Wenn die kritischen und analytischen Fähigkeiten zu wuchern beginnen, wehe dem, was einem lieb und teuer ist! Wahres Sehen und echte Akzeptanz ist intuitiv, mitfühlend, eine Synthese im Licht der Liebe, des Einheitsbewusstseins.

Ich schien unfähig zu sein, mich belehren zu lassen, unfähig, das, was von außen nur erzählt und behauptet wurde, lebendig als Glauben für mich anzunehmen. Ein solcher Modus und eine solche Sprache mochten für andere wahr und richtig sein, aber sie wurden nicht als die meinen empfunden. Der äußere Anschein des Lernens und des Bemühens wurde als nicht sehr wichtig empfunden. Was mehr zählte, war das mystische Sterben in das Leben des Reiches, hier und jetzt, und ich erinnere mich, wie ich dem heiligen Pfarrer antwortete, indem ich ihm vorlas: ‚Wisst ihr nicht, dass ihr von neuem geboren werden müsst? Wenn das Samenkorn, das in die Erde fällt, nicht stirbt, kann es nicht leben‘[1] und der Satz ‚Du Narr! Was du säst, wird nicht lebendig, wenn es nicht stirbt. Nicht ich lebe, sondern Christus lebt in mir.‘[2]

---

[1] s. Joh 12,24
[2] s. Galater 2,20

Aber die Erklärungen und Kommentare des Pfarrers verwirrten mich. Er stürzte sich besonders auf mich. Ich musste erklären, d.h. ich musste seine Erklärungen wiederholen. Ich murmelte und stotterte verwirrt, denn ich hatte keine Wortsprache, mit der ich meinem Peiniger auch nur andeuten konnte, dass unser Ich-Bewusstsein unser Selbst-Bewusstsein verdeckt und dass wir erst aus dem Tod oder Schlaf der Unwissenheit, der falschen Selbst-Identifikation erwachen müssen, bevor wir zu einem beständigen lebendigen Bewusstsein erwachen können.

Pastor Gudmes strenge Tyrannei und seine laute, oberflächliche Wortwahl brachten mich bald zum Schweigen, und seine Auslegung setzte sich als die Wahrheit durch. Er donnerte wie Höllenfeuer, als ich zitierte: ‚Suchet das Reich Gottes im Innern.'[1] ‚In was?' brüllte er, und ich schlug zitternd, aber beherrscht vor: ‚In allen Dingen.' Aber er war sich ganz sicher, dass der Teufel in mir steckte, der mich dazu veranlasste, solch bösartige pantheistische Vorstellungen zu äußern. Er predigte und tyrannisierte mich wie ein Diktator und ganz und gar nicht subtil und sanft wie ein Jesuit. Seine Strenge und sein Eigensinn waren ein Segen, auch wenn ich es damals übel nahm. Sein Höllenfeuer hat mich nicht überzeugt, aber er hat mich bestätigt, wenn auch nicht in seinem Glauben und Dogma.

Ich hatte keine Wortsprache. Mein Gott war sehr ruhig und positiv, immanent und irgendwie mit der Stille verwandt, mit dem Gefühl des Guten, des Reichtums und der Weite in der Harmonie der ungebrochenen Vollkommenheit. Ich brauchte keinen Begriff, keinen Namen und keine Anstrengung, wenn ich allein war, und ich musste mich nicht in Worten ausdrücken oder anderen gegenüber offenbaren, außer in seltenen Fällen zur Selbstverteidigung, nicht mir

---

[1] s. Mt 6,33

16

selbst gegenüber. Aber die Mitpilger behaupteten und erklärten geräuschvoll in verwirrenden Namen und Begriffen. Gott war gewiss nicht weniger in meinen geliebten Bäumen, in den Tieren vom Bauernhof, in den Feldern und in den wechselnden Stimmungen der Natur als in den menschlichen Mitpilgern. Eher war er vollständiger und würdevoller in den nicht-menschlichen Freunden und Mitgeschöpfen, weniger gespalten, weniger laut, weniger mit Erklärungen, mit Analysen und mit ‚Fortschritten' beschäftigt.

Mein Gott konnte ‚in sieben Sprachen schweigen' und im Sein wie im geschäftigen Tun still sein. […] Jeder hat sein eigenes *Dharma*, seinen eigenen wahren Rhythmus und sein eigenes Tempo auf dem universellen Pfad. Unsere Aufgabe ist es, unser eigenes Inneres zu finden und andere nicht dazu zu drängen, sondern sie ihrem eigenen treu sein zu lassen. ‚Sei deinem eigenen Selbst treu.' Wahre Nächstenliebe besteht oft darin, sich gegenseitig in Ruhe zu lassen. […]

In der kindlichen Erfahrungsweise war Gott das in allen Dingen offenbare Selbst. Es gab ein nicht-mentales Bewusstsein von rechter Übereinstimmung, einfachem Austausch, wahrer Beziehung und gegenseitiger Abhängigkeit jenseits des Schleiers der Worte. Und in diesem lebendigen Gewahrsein gab es kein Schwärmen, keine Anstrengung, kein Beten, keine ideale Schönheit. Es war alles zu real für Ekstase und für Verzückung, zu einfach für Intensität und für Wunder, zu reich für Tränen oder für Lachen, zu tief für Gedanken."[1]

In dieser Zeit rebellierte Emmanuel gegen die sogenannten Gläubigen, die von Glauben sprachen, aber nicht danach lebten und den Glauben nur wie einen Umhang trugen. Für

---

[1] Nectar, S. 25-28

17

Emmanuel war Glaube nicht etwas Äußeres, an das man glaubte, sondern eine unzweifelhafte Überzeugung, die einfach gelebt wurde. So unterschied sich seine „Glaubensauffassung" von denen der üblichen Gläubigen.

„In der Zwischenzeit, im Alter von sieben bis vierzehn Jahren, in dem das Ich und der Verstand sich des Körpers bemächtigten und mit ihm wuchsen, erinnere ich mich nur an zwei Fälle, in denen ich offiziell, aufrichtig und mündlich zu einem Gott in einem vagen Himmel außerhalb meiner selbst gebetet habe. Diese beiden Gebetsanfälle ereigneten sich im Alter von zwölf Jahren und in einer Krise.

Alle Kühe im Wikingerland werden mit Seilen angebunden, wenn sie im Sommer auf die fruchtbaren Felder gelassen werden, und der Pflock, an dem das Seil angebunden ist, wird dann vier- oder fünfmal am Tag ‚vorgeschoben', damit die Kühe mehr Gras bekommen. Eines Tages hatte sich eine unserer Kühe in ihrem Freiheitsdrang losgerissen, war in den Klee geraten und hatte eine fatale Menge davon verschlungen. Die Gärung setzte ein und verursachte akute Spannungen und einen Ausdehnungskrieg in Daisys Bauch, und sehr schnell lag sie im Sterben.

[…] Schnell lief ich in den leeren Stall, um dort allein inbrünstig und fast laut zu Gott zu beten, dass die gequälte Kuh leben möge. Sie war meine vertraute Freundin, und wir konnten es uns auch wirtschaftlich nicht leisten, sie zu verlieren. Doch Gott sah das anders, und ich war enttäuscht von Ihm, als ich Daisy tot auffand und von Ma eine ordentliche Standpauke bekam, weil ich abwesend war, ‚mich herumtrieb, statt zu helfen'. Meine Hilfe die ich für das Wichtigste hielt, war, Daisy dem Allmächtigen in Erinnerung zu bringen, der uns alle so leicht vor Unheil hätte bewahren können. ‚Bittet, so wird euch gegeben', hatten mir die erwachsenen Kinder gepredigt, aber sie hatten nicht den vollkommenen Vater hervorgehoben, der in Kriegszeiten sozusagen neutral ist.

[…] Ich muss Gott jedoch verziehen haben, denn kurz darauf versuchte ich es bei ‚Ihm' erneut in aller Aufrichtigkeit, als ein Junge, der einige Jahre lang mein lieber Gefährte auf dem Bauernhof gewesen war, sich entschloss, zu seinen Verwandten in die Stadt zurückzukehren. In der Abgeschiedenheit des stinkenden Hühnerstalls flehte ich Gott heimlich und inständig an, Karl möge nicht gehen wollen. Aber der Herr der Heerscharen schien ein Versager zu sein. ‚Er' erwies sich als sublim gleichgültig gegenüber Launen und Stimmungen und dem Verlangen des Egos, und so gab ich mein kurzlebiges äußeres Bild von einem äußeren Gott auf und wandte mich stattdessen Hendrik Ibsen zu."[1]

„Irgendein Ibsen-Jubiläum oder ein Todesfall muss sich damals ereignet haben, und so wurde ich durch die Tages- oder Wochenzeitungen auf Hendrik Ibsens damals aufwühlende und umstrittene Bücher aufmerksam. Meine Eltern und die Leute um mich herum waren alle gegen Ibsen. Ich verkaufte heimlich meine Stiefel und andere Kleinigkeiten in einem Secondhand-Laden in der Stadt und besorgte mir dort die ungebundenen ‚Gesammelten Werke von Hendrik Ibsen', eine wunderbare Tauschaktion.

Großes Geschimpfe und ängstlicher Widerstand von den wütenden Wortführern, als sie mich beim Lesen von ‚Peer Gynt' und ‚Wenn wir Toten erwachen', geschrieben von diesem furchtbar bösen ‚Freidenker', entdeckten. Die Gedanken sollten wie Kühe fest angebunden sein und nur in festen Bahnen laufen […], und ein Freidenker zu sein, war dann etwas Schreckliches wie der Teufel. Hendrik war, wie Mahatma Gandhi, in ihren Augen ein schrecklicher verderblicher und giftiger Einfluss, aber Emmanuel sagte nur

---

[1] dass., S. 40 f.

wenig und ließ den Sturm vorüberziehen. Er blieb ruhig in seinem inneren Licht, das scheinbar keiner lebenden Seele bekannt war, reich und nicht einsam in der Einsamkeit, und wenn er manchmal in lauter Gesellschaft einsam war, ertrug er es geduldig."[1]

Mit seinen Eltern, 1919

Er zitierte gern folgenden Vers aus Ibsens „Brand":

„Seele, sei treu bis zum Schluss;
Der Sieg der Siege besteht darin, alles zu verlieren.
Der Verlust von allem macht deinen Sieg aus.
Auf ewig besitzt (oder ist) man nur das, was man verloren hat."

Emmanuel betonte, dass es kein spirituelles Leiden gäbe, da es der Körper und Geist sei, der leide, nicht aber das

---

[1] dass., S. 42 f

wahre Selbst. Er zitierte zudem oft Shakespeares "Ripeness is all" (Reife ist alles), wobei seine Version "Awareness is all" (Gewahrsein ist alles) lautete.

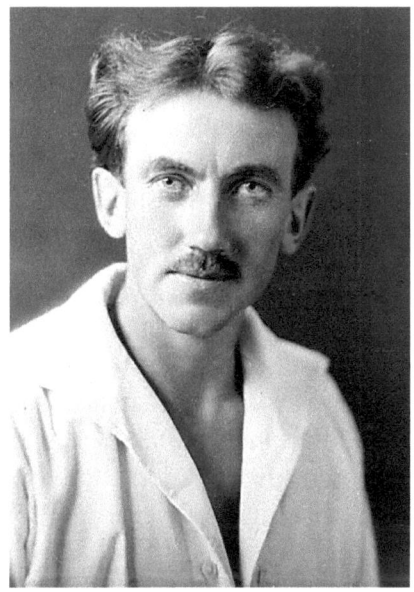

In England in den 1920ern

„Hin und wieder begegnen wir Mitgeschöpfen in menschlicher Gestalt (wenn auch nicht unter Egos), die Seelenverwandte sind. Sie offenbaren, dass sie sich stumm und reif dessen bewusst sind, dass das Teilen, das Wissen und die nicht-festhaltende Liebe einfach SIND und nicht mit der Zeit oder der Entfernung oder dem Tod der Körper abnehmen. In echter Beziehung und echtem Austausch ist die Stille der realste Leiter, das klarste Medium. Aber für diese wenigen Bewährten trüben nicht einmal die Gedanken. Sie sind nicht wichtig. Auch die Worte sind Teil der Einheit und können lebendig angenommen und durchschaut werden. Wenn die Stille nicht auch in diesen und in allen

Unstimmigkeiten, Begrenzungen und Geräuschen mitspielen würde, wären sie nicht. Gewahrsein ist alles."[1]

Emmanuel absolvierte in Dänemark eine vierjährige Ausbildung im Gartenbau und ging dann für ein Jahr nach Frankreich und Italien zum Arbeiten. Mit einundzwanzig fand er als einfacher Gärtner Arbeit in England. Er blieb neunzehn Jahre in England und arbeitete fünf Tage die Woche von sechs bis sechs auf großen Anwesen wie Forty Hall, Sunbury Court, Hampton Court und Dartington Hall.

„In Dänemark genoss er zwanzig Jahre eine einfache, bäuerlicher Kultur und dann weitere zwanzig Jahre im Gartenbau in England als schlecht bezahlter Gärtner, doch auch dort war er innerlich zufrieden und in freudiger Gelassenheit in dem, was IST. Als allein Lebender fand Emmanuel kein ähnliches Tiefenbewusstsein in menschlichen Weggefährten, aber er entdeckte es in der Literatur, besonders in der mystischen Poesie und teilweise in Biographien und Reisen in äußere und innere Gefilde, sogar in Romanen. Die erste echte Liebesbeziehung war Hendrik Ibsen, Hans Anderson, Fruding und Bjomean. Dann, in der weiteren Welt, Dostojewski, Tolstoi und vor allem Anton Tschechow, Edward Carpenter, Shakespeare, Goethe, Aerchulos und Auber Larsens ‚Der Stein der Weisen'. Es gab die zeitgenössischen englischen Schriftsteller Shaw, Wells, Masefield, Wilde, Galsworthy, Bennett und später D. H. Lawrence, Aldous Huxley, T. S. Eliot, Rainer Maria Rilke und natürlich Shelley, Wordsworth, Keats, Tennyson, Whitman und viele Schriftstellerinnen wie Emily Bronte, Sigrid Unset, Katherine Mansfield, Karen Blixen und Julian von Norwich. Später traten die mystischen Weisen des Westens in Emmanuels Blickfeld: Meister Eckhart, Böhme, Ruusbroec, Angelus Silesius, der heilige Johannes und die

---

[1] Sunyata, S. 119, 121

heilige Teresa sowie Bruder Lorenz. In der Mitte der zwanziger Jahre kamen Theosophie und östliche Weisheit hinzu: Taoismus, Sufismus, Buddhismus und *Advaita Vedanta*. Auch einige Biografien und Autobiografien, aber keine Drogentrips, keine Aufputschmittel und kein ekstatisches Gebrüll. Emmanuel mochte sich selbst, wenn er nüchtern war. Er studierte und analysierte nicht, sondern überflog, schlürfte den Honig, der schmackhaft war, und vergaß den Rest. Es gab kaum jemanden oder eine Seele, mit der er sich austauschen konnte oder wollte, aber der schweigsame Kerl brauchte keine Anerkennung, keinen Zuhörer und kein Verständnis eines intimen Freundes."[1]

Schließlich kam Emmanuel mit der Theosophie und Juddi Krishnamurti in Berührung. In den Buchhandlungen fand er die Bhagavad Gita, das Tao Te Ching und das I Ging. Er war mit der Überlieferung der Sufis vertraut, mit dem Buddhismus, den Veden, den Upanishaden und dem ägyptischen und tibetischen Totenbuch.

Emmanuel hatte nie das Bedürfnis, sich einen spirituellen Lehrer zu suchen oder einem bestimmten spirituellen Weg zu folgen. Seine spirituelle Praxis (*Sadhana*) war natürlich.

„Obwohl ich kein Schweigegelübde abgelegt habe, bleibe ich vollkommen schweigsam, weil ich gewöhnlich allein bin, versunken in die innere Stille und auch in die Stille hinter den äußeren Aktivitäten."[2]

„Was für eine Vielfalt von Erfahrungen hatte ich damals, als sich die verschiedenen Stadien der *Sadhanas* durch diesen Körper manifestierten! Ich dachte, es gäbe eine bestimmte *Shakti*, die in mir wohnte und mich leitete, indem sie mir von Zeit zu Zeit Befehle erteilte. Da all dies in der

---

[1] Nectar, S. 50 f.
[2] Camhy: Dancing, S. 9

Phase des *Sadhanas* geschah, wurde *Jnana* stückweise offenbart. [...]

In meinem *Sadhana* sagte mir der unsichtbare Beobachter: ‚Von heute an sollst du dich vor niemandem mehr verneigen.' Später hörte ich wieder die Stimme in mir, die mir sagte: ‚Vor wem willst du dich verbeugen? Du bist alles.' Sofort erkannte ich, dass das Universum letztlich meine eigene Manifestation war. Das partielle Wissen wich dann der integralen, innewohnenden Weisheit, und ich fand mich von Angesicht zu Angesicht mit dem *Advaita*-Einen, das als viele erscheint."[1]

In England, 1928

Emmanuel bemerkte, dass sich verschiedene übernatürliche Kräfte in seinem Körper zeigten. Wenn er einen Kranken berührte, wurde er gesund.

---

[1] dies., S. 7 f.

„In der Zwischenzeit wurden verschiedene *Vibhuties* [Kräfte] durch diesen Körper manifestiert. Diese Manifestationen geschahen auf verschiedene Weise. Oft stellte ich fest, dass, sobald ich einen bestimmten Patienten berührte, es ihm in kürzester Zeit besser ging, aber ich wusste vorher nicht, dass es ihm dadurch besser gehen würde. Ich habe immer auf diese Weise argumentiert: Ich weiß aus meiner Erfahrung, dass meine Berührung eine heilende Wirkung hat. Wenn ich in diesem Fall den Patienten berühre, kommt er vielleicht wieder zu sich. Um dies zu überprüfen, habe ich ihn berührt und festgestellt, dass er sofort geheilt war." Er fügte jedoch mahnend hinzu: „Aber diese Kräfte sind nicht zur Vorführung gedacht. Sie sollten sorgfältig unter Kontrolle gehalten werden." [1]

In seinem späteren Leben spielten diese Kräfte anscheinend keine Rolle mehr – jedenfalls berichtete er nicht mehr davon.

---

[1] dies., S. 8

Rabindranath Tagore

Rabindranath Tagore (1861-1941)

Im Sommer 1929 legte Rabindranath Tagore, der große indische Poet und Nobelpreisträger in Literatur, nach einer anstrengenden Lesereise in der Dartington Hall in Devonshire eine Erholungszeit von drei Monaten ein. Er fand hier viel Ruhe, malte, ging spazieren und unterhielt sich mit Emmanuel, der als Gärtner dort beschäftigt war. Oft lud Tagore ihn in seine Suite ein, wo er ihm einige seiner berühmten Gedichte vortrug.

Emmanuel schreibt: „Es war ein folgenreiches Treffen mit einer Verkörperung der indischen Tradition und der vedantischen Weisheit, die ich bereits sehr liebte."[1]

---

[1] Camhy: Dancing, S. XVIII

„Ich führte viele poetischen Gespräche mit Tagore. Wir hatten auch oft eine wort- und ich-freie Kontemplation miteinander. Ich ging auf den Wunsch des Dichters ein, das letzte innige Quartett Beethovens auf meinem eigenen Grammophon zu spielen.[1] Oft las er mir einige seiner Lieblingsgedichte vor, in denen ich seine fast klagende Sehnsucht nach der ‚Heimat‘, dem Himalaya-*Bharat*, spürte, oder war es eine nostalgische Sehnsucht nach der ganzheitlichen Gotteserfahrung, der Gnade von *Sahaja Samadhi*? Tagore hatte die Ewigkeit in seinen Augen und im Rhythmus seines Wesens. Er fühlte sich leicht erschöpft von unseren äußerlichen, oberflächlichen Aktivitäten, unseren dualen Werten und unserem Ego-Getue.

Ranbindranath Tagore lud mich in seinen ‚Wohnort des Friedens‘, Shantiniketan[2], ein, um dort ‚Stille in freudiger Gelassenheit und in ganzheitlicher Sympathie‘ zu lehren.“[3]

Diese Einladung wurde zu einem Wendepunkt in Emmanuels Leben.

---

[1] Gemeint ist das Streichquartett Nr. 16, das letzte abgeschlossene Werk Beethovens.
[2] Tagores Wohnsitz in Westbengalen
[3] dies, S. 24 f.

In Indien

In Indien in den 1930ern

1930, also ein Jahr später, folgte Emmanuel Tagores Einladung und reiste nach Indien, wo er die nächsten 48 Jahre blieb. Er war inzwischen bereits vierzig. Er nahm nur ein Buch mit, die Bhagavad Gita.

Er schreibt: „In der Gita gibt es eine klare Konsistenz des Bewusstseins, die über den bloßen Intellekt und das Ego hinausgeht. Dieser Band mit poetischen und philosophischen Gesprächen zwischen der Seele und dem Selbst ist mein ständiger Begleiter geworden. Es ist für mich das großartigste und befriedigendste aller Bücher."[1]

---

[1] Camhy: Dancing, S. XIX

„Ich bin ein einfacher Gärtner, ein Bauernjunge, der allein Tausende von Kilometern vom flachen Dänemark nach Indien gereist ist, einem erhabenen Land der Erleuchtung. Ich bin gekommen, ohne ein bewusstes Ziel zu verfolgen und ohne eine konkrete Vorstellung von Geben oder Nehmen, sondern als Wanderer, als glücklicher Pilger, der weiß, dass das Ziel überall ist. Wir werden gebraucht und geführt, aber wie Christus vor langer Zeit an seinem Kreuz sagte: ‚Die meisten von uns wissen nicht, was sie tun oder wo und wie sie dem Leben dienen.‘“[1]

„Es gab eine vage Vorstellung von drei Monaten Urlaub, von einsamen Wanderungen in Städten, Tälern und Bergen auf einfachste und billigste Weise, aber nicht in der späteren Hippie-Art. Wuji hatte sich von nichts losgesagt, auch nicht von den westlich konditionierten Werten, und er akzeptierte alle Formen und Phänomene des Weges. Und so schienen sie ihn auch zu akzeptieren, ihn zumindest sein zu lassen. Es gab keine Freunde oder Bekannten auf dem Weg nach Indien und keine in Indien, außer der zufälligen Einladung, Stille zu lehren. Keine Empfehlungsschreiben, keine Hilfe oder Gastfreundschaft, die man irgendwo anders als in Tagores Wohnsitz des Friedens erwarten konnte.

So zog der einfache Kerl langsam weiter durch das bekannte Frankreich und Italien und dann in das unbekannte Griechenland, nach Patras, Korinth, Athen und zu den Eleusinischen Mysterien, dann nach Alexandria, Kairo, Haifa und Tyros, nach Beirut, Baalbek, Damaskus und hinunter zum See Genezareth, Nazareth, Jerusalem, Bethlehem und Jericho und zurück nach Port Said. Von Port Said ging es mit dem Schiff nach Colombo.

Auf der einsamen Pilgerreise gab es keine Eile, keine Hindernisse. Jeder Tag und jeder Ort wurden genossen und

---

[1] dies., S. 11

intuitiv empfunden. Das Egoji war nicht aufdringlich oder durchsetzungsfähig, und es gab keine starken Abneigungen, Vorlieben oder Vorurteile, sondern positive Passivität, negatives Vermögen und sensible, intuitive Wertschätzung. [...]

Ein ganzer Monat wurde in Sri Lanka verbracht, hauptsächlich in Kandy, Nuwara Eliya und Anuradhapur. Von dort aus betrat Wuji *Bharat* durch die Hintertür, Rameswaram, Madurai, Manjore und Madras-Adyar, und dann fuhr er drei Tage im Bummelzug nach Kalkutta und schließlich nach Shantiniketan."[1]

Emmanuel interessierte sich für die Kultur des Landes, die Kunst, Literatur und das Leben „als religiöses Bewusstsein oder als reines Gewahrsein in allen Formen, Funktionen und Stimmungen."[2]

„Es war für mich eine Verjüngungskur, durch neue Orte zu wandern und unter fremden Gesichtern zu sein, bis sie nicht mehr fremd waren. Wo immer ich mich aufhielt, wurde ich von völlig Fremden gegrüßt und akzeptiert."[3]

Nach einer langen Zugreise kam Emmanuel in Shantiniketan (Wohnort des Friedens) in Westbengalen an, wo Tagore wohnte. Tagore hatte einem Stadtteil von Bolpur diesen Namen gegeben und hier eine Universität gegründet.

„Ich habe mir Indien nicht ausgesucht. Indien hat mich gewählt. [...]

Als ich ein Jahr später [nach Tagores Einladung] nach Shantiniketan kam, hatte Tagore diesen einfachen Mann vergessen. Als ich ein oder zwei Wochen im Gästehaus gewohnt hatte, brachte man mich im Gästehaus für lange

---

[1] Nectar, S. 65 f.
[2] Camhy: Dancing, S. 11
[3] dies., S. XIX

Aufenthalte unter, wo Leute wohnten, die lange blieben. Dort traf ich Lama Govinda und seine Mutter, C.F. Andrews und viele andere. Dann kam die Hitze. Ich kann die Hitze auch jetzt nicht ertragen. Also ging ich nach Darjeeling. Tagore hatte dort ein Haus, und den ersten Monsun verbrachte ich dort. Dann ging ich für einen Monat nach Birma. Als ich aus Birma zurückkam, ging ich wieder nach Shantiniketan. Dort traf ich zwei Quäker, die mir Empfehlungsschreiben an Inder gaben. Ich habe nie irgendwelche Pläne gemacht. Der Plan ist da, und ich füge mich mit freudiger Leichtigkeit und herrlicher Ungewissheit ein."[1]

Mit Lama Govinda in späteren Jahren

Mit Anagarika Govinda verband ihn fortan eine bleibende Freundschaft. Der Deutsche Ernst Lothar Hoffman hatte sich dem tibetanischen Buddhismus verschrieben, war zu Lama Anagarika Govinda geworden und lehrte von 1931 bis 1935 an Tagores Universität europäische Sprachen, buddhistische Philosophie, Psychologie und Archäologie.

---

[1] dies., S. XXXIX f.

Im Sommer 1932 war Emmanuel Gast des berühmten Naturwissenschaftlers Sir Jagdish Chandra Bose in Darjeeling, wo er in den Dhyana Buddhismus (ähnlich wie Zen und Chan) eingeweiht wurde und den Namen „Mani Dharma" erhielt. Doch es war die spätere „Einweihung" durch Ramana Maharshi, die ihn prägte.

Jagdish Chandra Bose

Ursprünglich wollte Emmanuel drei Monate in Indien bleiben. Daraus wurden zwei Jahre. 1933 kehrte er nach England zurück, um seine Angelegenheiten zu regeln, und kehrte im Oktober desselben Jahres nach Indien zurück, wo er weitere 45 Jahre lebte. Er war jetzt 43. Fortan kleidete er sich wie ein indischer *Sadhu* und trug seinen typischen Turban.

Er schreibt: „Bis dahin war Wuji zurückhaltend gewesen, wenn es darum ging, die Gastfreundschaft von Indern anzunehmen, aber von diesem Zeitpunkt an bewegte er sich allein in der indischen Umgebung. Bereits in Adyar hatte er indische Kleidung (Kurta und Pyjama) angezogen. Als er von Süden am Bahnhof Haora ankam, lud ihn Oswald Field (Anglo-Inder) in seine Wohnung ein, sagte aber eindringlich: ‚Um Himmels willen, steck dein Hemd in die Hose.' Bei dem Einheimischen war das anders. Seine Schlichtheit, Anpassungsfähigkeit und unkritische Haltung, sein bescheidenes Auftreten und sein intuitives, freundliches inneres Verständnis (innerstanding) machten ihn überall bei den Indern zu einem willkommenen, (eingeladenen oder uneingeladenen) Gast. […]

Ein *Sadhu* gibt, indem er annimmt. Nur sein Segen wird erbeten. So brauchte Wuji nie ein Hotel als Unterkunft oder Geld für das körperliche Bedürfnis von Essen und Trinken."[1]

„Mein ganzer Tag kann im lärmenden, vielfältigen Leben verbracht werden. Ich kann mich inmitten von erniedrigender Armut und Krankheit bewegen. Ich kann inmitten der Prostitution von Körpern, Emotionen und Verstand arbeiten. Ich kann das erbärmliche Stolzieren und die selbstbewussten Egos sehen, das physische, emotionale, psychische und geistige Mobbing. Ich kann den Tod und das Leiden auf den Straßen und in den Krankenhäusern sehen mit all ihren Qualen und ihrem Mitleid. Und doch gibt es einen Lichtstrahl, ein Aufblitzen von Rechtschaffenheit, einen sinnvollen Rhythmus in all diesen Bewegungen und Geräuschen in den Städten. Es ist wie die wogende Stille der Natur im Meer. Alles ist vergeben, und es scheint seltsam, nicht zu vergeben. In diesem Bewusstsein habe ich meine

---

[1] Nectar, S. 66 f.

wahrste Realität erkannt. In ihr habe ich meine reichste Freiheit im Leben gefunden. Wie schön ist es, still und frei an neuen Orten und unter fremden Gesichtern umherzuwandern, bis sie nicht mehr fremd und neu sind, und das Leben erkannt und das Lächeln des Lebens ausgetauscht wird.

So kann der einfache Wikinger-Pilger von Königen oder Dichtern, von Gelehrten oder Künstlern gegrüßt und akzeptiert werden, und er kann sie interessant finden. Es gibt viel Königliches selbst in den Slums und wundersame Schönheit in einfachen, unwissenden Mitmenschen." [1]

Als Emmanuel zu Tagore zurückkehrte, bat ihn dieser, auf unbestimmte Dauer sein Gast zu sein. Emmanuel nahm das Angebot gern an. Manchmal reiste er umher und besuchte Ashrams, *Sadhus* und Heilige. Er begleitete Tagore im Laufe der Zeit zu mehreren Konferenzen, festlichen Banketts und anderen Auftritten. Er konnte sich überall frei und natürlich bewegen.

Emmanuel reiste in Indien umher, bis er 1935 zu Mahatma Gandhi und Jawaharlal Nehru kam und auch zu Ramana Maharshi.

---

[1] Camhy: Dancing, S. 16

Begegnung mit Mahatma Gandhi

Mahatma Gandhi, 1931

Im Oktober 1935 traf Emmanuel Mahatma Gandhi in seinem Ashram in Maganwadi, Wardha. Er tauchte unangekündigt auf, aber Gandhi meinte nur: „Wir brauchen es nicht anzukündigen, wenn wir nach Hause gehen."

Emmanuel berichtet: „Wir reden über alle Themen, die in der Luft liegen – über Diät und Dänemark, über Mussie (Mussoloni) und Sojabohnen, über die Gita und Geologie – und immer ist Gott nicht weit weg."[1]

„Er [Gandhi] lebt in einer Lehmhütte und ist bis auf einen spärlichen Lendenschurz unverhüllt. Bapuji[2] ist ein prak-

---

[1] Camhy: Dancing, S. 35 f.
[2] Bapu heißt Vater (hier i.S. von Vater der Nation), Bapuji ist ein Kosename, etwa wie Väterchen.

tischer Mystiker und ein *Karma*-Yogi. Sein scharfer Verstand, seine intuitive Einsicht und seine zentrale Harmonie machen seine Beziehung und seine Berührung genau richtig. Er sorgt dafür, dass sich jeder wohlfühlt." [1]

„Mahatma Gandhi steht um 3 Uhr morgens auf, und um 4 Uhr versammeln wir uns auf dem Dach zum Gebet. Um 6.30 Uhr essen wir Brei, Milch und Obst. Dann gehen wir in die Dörfer und unterrichten einige Stunden lang durch praktische Arbeit. Gegenwärtig konzentrieren wir uns besonders auf sanitäre Einrichtungen, Hygiene, Ernährung und dörfliche Industrie. Bewaffnet mit Eimer und Stock, Schaufel und Besen säubern wir täglich die Straßen und die Grünflächen der Dörfer von menschlichen Ausscheidungen und Unrat. Mahatmaji, Mira Behn, ich und alle anderen, die diese Arbeit tun, werden von den anderen ‚Unberührbaren' zunächst verächtlich angesehen. Sie ziehen es vor, im idyllischen Gestank ihres eigenen Schmutzes zu leben, anstatt ihn zu beseitigen und den Schoß der Erde sauber und aufgeräumt zu halten.

Um 10.30 Uhr essen wir Chapatis, gekochtes Gemüse und Quark. Von 14.00 bis 17.00 Uhr verrichten wir wieder Arbeiten wie Spinnen, Mais putzen, Tippen usw. Um 17.30 Uhr gibt es das Abendessen (Reis, Dal, Milch und Salat). Mahatma Gandhi nimmt die spärlichen Mahlzeiten mit uns auf der Veranda ein. Er nimmt auch an unseren Dorfaktivitäten teil. Er ist immer aktiv, und man wundert sich über die Energie und Ausdauer des alten Körpers. Das Abendgebet auf dem Dach ist um 19:30 Uhr. Und kurz danach geht es ins Bett." [2]

---

[1] dies., S. 33
[2] dies., S. 34

Emmanuel lernte auch Abdul Gaffar Khan, den Unabhängigkeitskämpfer und Unterstützer Gandhis, und andere weitere berühmte Persönlichkeiten kennen.

1941 besuchte er Gandhi erneut in Wardha. Dort teilte er sich ein Zimmer mit Rajendra Prasad, dem künftigen 1. Staatspräsidenten der Republik Indien.

„Gestern führte ich stundenlange brillante Gespräche in beredter Stille mit Bapuji, denn es war sein Tag der Stille.[1] Erfrischt durch das gestrige Fasten beim Essen und durch Schweigen war er in einer scherzhaften Stimmung. Dennoch schaltete er schnell und spielerisch auf ernste und wichtige Entscheidungen um, beantwortete Fragen und hörte sich die Berichte von Rajendra Babu, Kripalani und zwei oder drei Sekretären an. Zwischendurch ging er seine Briefe durch. Ich fühlte mich wie ein Narr an einem königlichen Hof! Bapujis Witze sind sehr kreativ, ebenso wie sein Schweigen."[2]

---

[1] Gandhi legte jeden Montag einen Schweigetag ein.
[2] dies., S. 41

Begegnung mit Jawaharlal Nehru

Jawaharlal Nehru (1889-1964)

Durch Tagore wurde Emmanuel mit Jawaharlal Nehru, einem der bekanntesten Führer der Indischen Unabhängigkeitsbewegung, bekannt, der später Premierminister von Indien wurde. In den frühen 30ern besuchte er Nehru oft.

1934 nahm er die Einladung von Nehrus Familie an, in deren Anwesen bei Binsar, in der Nähe von Almora gelegen, zu wohnen. „Die Familie von Jawaharlal Nehru hatte ein Anwesen namens Khali in der Nähe dieser Bergstadt gekauft und bot mir dieses als Heim und Spielwiese an. Ich half Ranjit und Vijaya Lakshmi Pandit (Nehrus Schwester und ihrem Mann) bei der Anpflanzung von Obstbäumen,

Mais und Gemüse und kümmerte mich um das Bewässerungssystem."[1]

Bei den Nehrus lernte Emmanuel den Philanthropen E.T. Thompson kennen, der auf Kalimath Ridge ein großes Anwesen besaß. Kalimath Ridge ist ein malerisch gelegener, mit Kiefern bewachsener Bergrücken oberhalb der Stadt Almora. Thompson bot Emmanuel einen Teil davon an. Emmanuel nahm es gerne an und ließ sich dort ständig nieder.

Emmanuel war immer wieder auf Reisen, besonders im Winter, wenn es in Almora kalt war. Er besuchte die Städte von Rajputana (jetzt Rajasthan), den Taj Mahal, Madurai, Benares (Varanasi) und den Ganges. Er reiste nach Gorakhpur und Kushanagar, wo Buddha seinen Körper aufgegeben hatte, und nach Lumbini in Nepal, wo er geboren wurde.

1953 erwarb Sunyata die indische Staatsbürgerschaft. Dazu sagte Premierminister Nehru: „Bruder Alfred hat uns das höchste Kompliment gemacht, indem er einer von uns geworden ist."

Sunyata war weiterhin oft Gast bei Nehru, auch nach 1947, als dieser Premierminister geworden war. Er berichtet: „Während meiner Winterausflüge von Almora aus besuchte ich Jawaharlal Nehru häufig in seiner Residenz in Neu-Delhi. Ich wurde in seinem Haus immer willkommen geheißen. Jawaharlals Tochter Indira Gandhi lud mich während meiner winterlichen Streifzüge immer wieder zu sich nach Delhi ein, und ich erinnere mich an ihre großzügige Gastfreundschaft, die sie mir fünfzehn Jahre lang bei

---

[1] Camhy: Dancing, S. XXIII

vielen Tees, Frühstücken und Mittagessen entgegen-
brachte."[1]

Margrethe von Dänemark in der dänischen Botschaft
in New Delhi, 1960

Er war bei besonderen festlichen Ereignissen und öffentli-
chen Treffen oft zu Gast bei Nehru und wurde vielen berühmten Persönlichkeiten vorgestellt.

„Einmal lief ich barfuß durch die Straßen von Neu-Delhi,
als ich das Auto von Premierminister Nehru vorbeifahren
sah. Nehru ließ das Auto anhalten und zerrte mich hinein.
Ich wurde liebevoll in sein Haus in Teen Murti ‚entführt'.

Nehru sprach einmal auf einer Wahlversammlung in Almora vor vielen Tausend Menschen. Ich saß auch in der
Menge etwas weit weg vom Podium, aber Nehru entdeckte
mich von der Bühne aus. Plötzlich dröhnte mein Name
durch die Lautsprecher, zum Entsetzen vieler, von denen

---

[1] dies., S. 44

einer meinte: ‚Was! Dieser schrullige Sorensen – ein Freund von Nehru?'

Meine letzte Begegnung mit Nehru fand im November 1963 in Neu-Delhi statt. Nehru wollte gerade in sein Auto steigen, als er meinen königlichen Turban inmitten der zuschauenden Menge entdeckte. Er ging ein ganzes Stück zurück, ergriff meine Hand und platzte heraus. ‚Oh Bruder Alfred! Bist du ein Politiker geworden?' Meine Antwort war nachdrücklich: ‚Oh nein ... stattdessen ein Friedensstifter!' Nehru lächelte, und dieses Lächeln des Lebens bleibt in der selbstleuchtenden *Sunya*-Stille so real wie es war. (Nehru starb sechs Monate später am 27. Mai 1964.)"[1]

---

[1] dies., S. 46 f.

Begegnung mit Ramana Maharshi

Ramana Maharshi

Ramana Maharshi (1879-1950)[1], der Weise, der in Tiruvannamalai am Berg Arunacha in Tamil Nadu lebte, wurde im Westen durch Paul Bruntons Buch „A Seach in Secret India" (Yogis, verborgene Weisheit Indiens) bekannt, in dem der Verfasser detailliert von seiner Begegnung mit dem Weisen berichtet. Ramana hatte mit sechzehn in einem Todeserlebnis die bleibende Erfahrung des Selbst erlangt und lebte den Rest seines Lebens auf und später am Fuß des

---

[1] s. Ebert: Ramana Maharshi: Sein Leben

heiligen Berges Arunachala in Südindien, wo ein Ashram entstand. Viele Besucher aus allen Bevölkerungsschichten kamen zu ihm mit ihren Fragen und Nöten, Inder aber auch viele Westler.

Emmanuel wollte in Indien Menschen treffen, die wahre Spiritualität ausstrahlten. Von allen Begegnungen, die er hatte, war die mit Ramana Maharshi die prägendste. 1935 hörte von einem Amerikaner zum ersten Mal vom Maharshi. Er las Paul Brunton's bekanntes Buch. Zudem war Dr. W.Y. Evans Wentz, der berühmte Übersetzer des Tibetanischen Todesbuchs und Verfasser anderer Schriften, in Almora sein Nachbar und erzählte ihm ebenfalls von Ramana, den er besucht hatte.

So kam Emmanuel 1936 zum ersten Mal in den Ramanashram und blieb zwei Wochen. Ramana fragte ihn nach seiner Nationalität, seinen Freunden und seinem *Sadhana*. Er wurde im Gästehaus untergebracht, verbrachte die meiste Zeit hinten in der Halle sitzend bei Ramana und ließ dessen Ausstrahlung auf sich wirken. Er stellte keine einzige Frage, wie es die meisten Besucher taten. Abgesehen von den Antworten auf Ramanas Fragen bei seinem Eintreffen gab es zwischen ihnen keine wörtliche Kommunikation.

Er schreibt: „Ich war nicht bewusst auf der Suche nach Meistern oder anderen Führern gewesen. Aber nur Sri Ramana Maharshi, der auf dem ruhig strahlenden Arunachala-Berg lebte, erschien mir als der reifste unter den Gipfeln des Himalayas. Seine Stille schien einfach und echt in ihrer Qualität zu sein, in ihrer mühelosen Ausstrahlung. Er war immer derselbe. Er war derselbe mit dem Höchsten und dem Niedrigsten, ohne eine Idee von Bevorzugung irgendeiner Art. Wenn er sprach, dann eher aus dem Ganzen heraus als über ES."[1]

Zwischen 1936 und 1946 unternahm Emmanuel vier Reisen nach Tiruvannamalai und blieb jedes Mal zwei Wochen. Nachdem er nach seinem ersten Besuch 1936 den Ashram verlassen hatte, sagte der Maharshi zu Paul Bruton, dass Emmanuel ein „selten geborener Mystiker" (a rare born mystic, ein *Jnanam-Siddha*) sei. Brunton schrieb es ihm in einem Brief. Emmanuel antwortete: „Das scheint uns genug Anerkennung und Gnade für ein ganzes Leben zu sein."

„Ich war viermal in der körperlichen Gegenwart von Ramana Maharshi, jedes Mal vierzehn Tage lang. Ich war still und stellte keine Fragen. In der Tat hatte ich keine, die es wert gewesen wären, ausgesprochen zu werden. Ich hatte keine inneren oder äußeren Probleme. Ich fragte nichts und verlangte nichts von dem Weisen. Es war einfach eine egofreie Teilhabe an der Mystik. Beim ersten *Darshan* im Jahr 1936 fragte er mich kurz nach gemeinsamen Freunden und nach meinem *Sadhana*. Bei einem späteren *Darshan*[2] war seine Ausstrahlung besonders auf mich gerichtet, als mich seine fünf Worte unerwartet in Stille versetzten: ‚Wir sind uns immer bewusst, *Sunyata*!' (‚We are always aware, *Sunyata*!')[3] In aller Demut nahm ich Maharshis Worte als Segen, Anerkennung, Einweihung, Mantra und Name an.

Ramana Maharshi nannte sich selbst keinen Guru. Er hatte keine offiziellen Schüler und weihte nicht auf die orthodoxe hinduistische Art und Weise ein. Er übertrug spirituelle Energie durch einen Blick, selten durch eine Berührung. Die Übertragung erfolgte hauptsächlich durch bered-

---

[1] Camhy: Dancing, S. 4
[2] Das war bei seinem dritten Besuch 1940.
[3] Ramana sagte das nicht wörtlich zu ihm. Emmanuel empfing diese Botschaft vielmehr im Geist.

tes Schweigen. Die Pilger kamen mit unzähligen Fragen, Problemen, Sehnsüchten, Ambitionen und Begierden zum Arunachala, aber in Maharshis Gegenwart wurden all diese entweder dem Schweigen unterworfen oder als zu trivial und unbedeutend empfunden, um sie auszusprechen. Oft kamen die Antworten aus dem Inneren des Fragenden selbst. Das war die kraftvolle Wirkung von Maharshis *Sunya*-Schweigen." [1]

Emmanuel wusste nicht, was Ramana mit einem „selten geborenen Mystiker" (rare-born mystic) meinte, und besorgte sich das Oxford Book of English Mystical Verse, um mehr über die Bedeutung eines Mystikers zu erfahren. Zugleich untersuchte er seine Kindheitserfahrung, um herauszufinden, warum er kein starkes Ich-Bewusstsein hatte. Diese Reflexionen sind der Ursprung seiner Aufzeichnungen, die er „Memory", Erinnerung oder Gedächtnis, nannte, wobei er mit „Memory" die ursprüngliche Erfahrung ohne das Ich-Bewusstsein meinte.

„Emmanuel war nicht auf der Suche nach Identität, Authentizität oder externer Guru-Führung, aber als Ramana Maharshi ihn 1936 nach dem ersten *Darshan* als ‚einen seltenen geborenen Mystiker' bezeichnete, begann er in der Einsamkeit und Stille des Himalaya, sich auf seine einfache, bäuerliche Kindheit zu konzentrieren. Was meinte der *Maha Rishi* mit ‚ein geborener Mystiker'? Und später, mit seiner Aussage: ‚Wir sind uns immer bewusst, *Sunyata*', die Emmanuel unaufgefordert und völlig unerwartet traf, die er aber als Anerkennung, Einweihung, Mantra und Name auffassen konnte und auch tat. Er sagte es niemandem, sondern gab der ersten Hütte, die er sich in der Stille des Himalaya baute, den Namen ‚*Sunyata*'." [2]

---

[1] dies., S. 236
[2] Nectar, S. 47

Was ihn überraschte, war das „Immer" und das „Wir". Meinte Ramana damit sich selbst und ihn, oder schloss das „Wir" alle Menschen mit ein? Er verstand das „Wir" schließlich als das innewohnende Wort, den Logos, die Sophia, Emmanuel. Auch das buddhistische Wort „Sunyata", das mit völliger Leere übersetzt werden kann, überraschte ihn. Die buddhistische Leere von *Sunyata* beinhaltet, dass alle Lebewesen und Phänomene ohne Seele oder wesentliche Essenz sind, was bedeutet, dass alle Menschen, Dinge und Vorfälle nach außen hin zwar wirklich und substanziell erscheinen, in Wirklichkeit aber flüchtig und unsubstanziell sind.

Seitdem gebrauchte Emmanuel den Namen Sunya oder Sunyata für sich. In Indien wurde er jetzt als „Sunyaji", „Sunya Baba" oder „Sunyata" bekannt.

Er schreibt: „Andere Bezeichnungen, die ihm in Indien aufgedrückt wurden, waren *Sadhu*, *Baba*, Swami, Heiliger, Maharaj, *Jivan Mukti* [zu Lebzeiten Befreiter], Mani Dharma [sein buddhistischer Name] und *Bhagavan*. [...]

In der Weite, Einsamkeit und Stille des Himalayas konzentrierte sich Emmanuel, jetzt Sunyata, auf die ersten sieben Jahre seiner einsamen Existenz im ländlichen Dänemark. Und er fand bestimmte ‚seltene' Eigenschaften und Tendenzen in den äußeren (circumstances) und inneren Umständen (innerstances): einen Sinn für Harmonie, ein Gleichgewicht von Yin und Yang und von sogenannten ‚Gegensatzpaaren', Einheitsbewusstsein, Zufriedenheit und natürliche, ruhige und freudige Leichtigkeit in der Beziehung zueinander."[1]

„Ich wurde so geboren. Und das war es, was der große Weise in Südindien [Ramana Maharshi] zu mir sagte – ‚ein selten geborener Mystiker'. Ich wusste nicht, was ein

---

[1] dass., S. 47 f.

‚Mystiker' bedeutete, ich meine, was Ramana Maharshi damit meinte. Ich baute meine Hütte im Himalaya und lebte dort in Einsamkeit und Stille. Ich hatte keinen Ausdruck, keine Sprache, um es auszudrücken. Dann wuchs die Sprache in Briefen an Freunde." [1]

Sunyata befasste sich auch besonders mit Ramanas Lehre des *Vichara*, der Selbstergründung mit der Frage „Wer bin ich?".

„Die wesentliche Botschaft von Ramana Maharshi ist die Frage ‚Wer bin ich?' und das Erwachen zum wahren ‚Ich', das nicht das Ego ist, sondern das ewige, glückselige Selbst. Es gibt nichts zu erreichen, zu erlangen, zu erobern oder zu kontrollieren, nichts zu bekommen oder zu besitzen. Nur dieses reife und beständige Erwachen in das bewusste Selbstsein ist notwendig. Die Methode, die empfohlen wird, besteht darin, still zu sein, ego-still zu sein und zu fragen: ‚Wer bin ich? Was bin ich? Was ist das vom Verstand beherrschte lüsterne und lästige Ego?' Frage aufrichtig die Stille, die innere Stille, und du wirst die Quelle, das Selbst erreichen. Du brauchst das Ego nicht zu töten oder zu kontrollieren. Es wird von selbst abfallen, oder du wirst bewusst frei in ihm und allen anderen Werkzeugen sein. Nichts wird übrig bleiben außer das ewige, glückselige Selbst.

Sei still, aber versuche nicht, still zu sein. Sei einfach still, um die reine ‚Seins-Bewusstheit-Gnade' zu reflektieren. Ramana betonte immer die eine wesentliche Wahrheit, die für das integrale Erwachen notwendig ist, dass es nur ein Selbst und nichts außer dem Selbst gibt." [2]

„Die Vernunft oder der Intellekt können weder eine Antwort geben, noch das Ziel der Selbsterforschung erreichen.

[1] Camhy: Dancing, S. XL
[2] dies., S. 58

Er kann sich selbst seine eigene Unzulänglichkeit für diesen Zweck beweisen. ‚Du bist nicht nur ein Teil von allem, du bist alles. Du allein bist', sagt Wuji. Das erfährt man, wenn reife, aufrichtige und anhaltende Anstrengung ihre Grenze erreicht, sozusagen an die Grenze kommt und die Gnade die Oberhand gewinnt. Man muss sich in die Wolke des Nichtwissens wagen oder den existenziellen Sprung ins Unbekannte, das integrale Tiefenbewusstsein. Das Egoji muss reif sein, bereit und reif, ja zu seiner eigenen Vernichtung zu sagen. Ego-Vergessenheit ist Selbst-Bewusstsein.

Vichara bedeutet nicht, die Frage ‚Wer bin ich?' mit vielen Worten zu stellen und intellektuelle Antworten zu geben. Es bedeutet vielmehr, sich nach innen zu wenden mit dem aufrichtigen Drang, die eigene wirkliche Ich-Identität wahrzunehmen und zu erfahren, indem man intuitiv wach bleibt in einem Zustand, der so frei von Gedanken ist wie möglich. (Sei frei in ihnen. Wenn sie auftauchen, lass sie vorüberziehen). Sie verbergen nur das integrale, unsichtbare und unaussprechliche Reale, das wahrgenommen und erfahren werden kann.

Der Christus-bewusste oder Selbst-bewusste Ramana Maharshi zerstreut die Zweifel jetzt wie früher, wenn du dich ihm in aller Aufrichtigkeit zuwendest. Er ist unser Selbst und ist – wie die Gnade oder Christus – überall um und in den Egojis. Gewahrsein ist allbewusstes, integrales und beständiges Selbst-Bewusstsein. ‚Was geschieht, wenn man ernsthaft nach Selbst-Bewusstsein strebt, ist, dass der Ich-Gedanke als ein Gedanke verschwindet. Etwas anderes aus dem Tiefenbewusstsein ergreift dich, und es ist nicht das Ego-Ich, das die Suche beginnt. Es ist nicht das Ego, sondern die Bedeutung des Ichs, des wahren, universellen Selbst.'

Sadhana ist auf einer bestimmten Stufe eine Abfolge von Höhen und Tiefen, und jede Tiefe kann uns höher heben, je nachdem, wie wir sie bewältigen. ‚Die dunkle Nacht der Seele' kann das intuitive Licht enthüllen, das nie an Land oder auf See war, weil es immer ist. Die ‚Wolke des Nichtwissens' ist ein unvermeidlicher Erfahrungsmodus, in dem wir das Egoji und seine ‚erlernte Unwissenheit' nicht kennen. Man streckt sich mit dem Ego-Geist und dem Intellekt aus soweit es geht, und bleibt dann positiv passiv in intuitiver Wachheit und ‚entspannt wie unter Wasser, und lässt das Meer der Gedankenwellen über sich hinwegziehen'. So können Gedankenwellen vorbeiziehen, bis alles ruhig, gelassen und selbst-erleuchtet ist. Sei STILL, um das ICH BIN zu erfahren."[1]

Sunyata berichtete, dass die Stille, die Ramana Maharshi ausstrahlte, ihm viel gegeben habe. Er war für ihn „die *Advaita*-Erfahrung, deren Hauptsprache strahlende Stille ist".

Obwohl Sunyata viele Ashrams besuchte, schloss er sich keiner Organisation an. „Wuji verspürte keinen geselligen Drang, keinen Ruf, sich einer Gesellschaft oder Organisation anzuschließen, keiner Partei, Clique oder Glaubensgemeinschaft oder ‚wahren' Religion. Das lag nicht so sehr an einer Abneigung, sondern an dem vagen Gefühl, dass der Beitritt oder die ‚Zugehörigkeit' zu einer von ihnen mich von den anderen ausschließen würde, und vielleicht gehörte er wirklich zu allen. Wenn wir formulieren, organisieren, erklären, stumpfen wir oft ab und klammern uns an die stereotype, sterile Form, während das Leben beflügelt und sorglos entweicht. Das Leben hat unzählige Formen, in denen es spielen kann, und es hat die Ewigkeit in seinem Rhythmus. Kein Wunder, dass es über die Versuche des Egos lächelt, es zu fixieren und festzuhalten. Ist es nicht oft die Angst, die uns organisiert und uns dazu bringt,

---

[1] Nectar, S. 82 f.

uns gegenseitig aus- oder einzuschließen? Was gibt es zu fürchten, außer Egos?"[1]

„Ich besuchte immer wieder verschiedene Ashrams. Und mit ihren *Archaryas* [Lehrern], Möchtegern-Heiligen und willentlichen *Shakti*-Geschäften[2] wurde ich frei als einer von ihnen akzeptiert. Ich glitt frei in ihre Gesellschaft hinein und wieder hinaus, ohne große Anstrengung, und versank im Licht und Rhythmus dieser oder jener Gruppe. Ich verstand ihre Bewegungen, ihre Motive, ihre Werte, ihre Reife und ihre Richtigkeit im freudigen *Jijmuge*[3], dem *Maya-Lila*-Schattenspiel."[4]

Sunyatas Demut, Einfachheit und Liebe bezauberte viele Intellektuelle, Professoren, Politiker, Rajas und sogar Militärkommandeure. „Sie begegneten mir, und ich konnte allen als meinem Selbst antworten, sogar Millionären wie Birla und Jamnalal Bajaj, *Rishis* wie Ramana Maharshi, Anandamayi Ma, Yashoda Ma, Neem Karoli Baba, Swami Ramdas und vielen anderen und auch Rajas von Fürstenstaaten wie Tehri, Aundh, Sivpuri, Kashipur und Ramgarh."[5]

---

[1] dass, S. 6
[2] Er meint damit die egoistischen Tätigkeiten.
[3] ungehindertes gegenseitiges Durchdringen
[4] Camhy: Dancing, S. XXIX
[5] dies., S. XXVIII f.

Anandamayi Ma

Anandamayi Ma

1937 besuchte Anandamayi Ma (1896-1982), die auf einer Pilgerreise zum Berg Kailash war, Sunyata in Almora. Sie segnete seine Bleibe und setzte dann ihre Reise fort. Sunyata traf sie auch in Kishanpur, Kashi, Vrindivan und an anderen Orten. Er schrieb über sie: „Anadamayi Ma ist ein einfaches Dorfmädchen, und doch verkörpert sie eine Kultur, deren Rand von den hochkulturellen Menschen nie berührt werden. Sie ist praktisch ungebildet, und doch ist sie der Hort aller Weisheit. Sie hat nie eine formale Einweihung von einem externen Guru erhalten, sondern wurde frei von ihrem Ego in der natürlichen Spiritualität kultiviert."[1]

Bei seinem Besuch bei ihr im Kashipur-Ashram erfuhr er *Samadhi*. „Ich erinnere mich, wie Ma Anandamayi mich im Ashram von Kashipur ausdrücklich bat, in ihren Raum der Stille zu gehen, um zu meditieren. Ich tat es. Es war ein *Sunya Darshan* – eine Erleichterung wie der Tod."[2]

Auch mit Yashoda Ma (1882-1944), die den Mirtola- Ashram in der Nähe von Almora hatte, stand er in engem Kontakt sowie mit ihrem Schüler Krishnaprem (Ronald Nixon). Yashoda Ma nannte sich Sunyatas Pflegemutter.

---

[1] Camhy: Dancing, S. XXIX
[2] dies., S. XXX

Peer A. Wertin (Ramanagiri)

Ramanagiri (1921-1955)

Peer A. Wertin entstammte einer adligen schwedischen Familie. Er schlug sein Erbe aus und ging in den 40ern nach Indien, um an der Hindu-Universität in Benares Sanskrit zu studieren, wofür er ein Stipendium erhalten hatte, was er dann aber aufgab, um den spirituellen Weg zu gehen. Ende der 40er Jahre besuchte er Ramana Maharshi, der ihm den Namen „Ramanagiri" gab, und war oft Sunyatas Gast in Almora.

Sunyata erzählte von der ersten Begegnung mit ihm: „Es war an einem sonnigen Wintertag im heiligen Benares in den 1940er Jahren, als ich Peer A. Wertin traf. Er ging am Ufer entlang, wo die Wäscher damit beschäftigt waren, die schmutzige Wäsche der respektablen Egojis [Sunyatas liebevoller Name für alle verkörperten *Jivas*] zu waschen. Ich teilte mein übriges Essen mit meinen Esel-Freunden, da meine menschlichen Freunde mir immer zu viel zu essen gaben. Peer schien von meiner Eselsfreundschaft gerührt zu sein. Gleiche Vögel und verwandte Esel scharen sich zusammen! Peer war etwa fünfundzwanzig Sommer alt, groß, dunkel und schlank. Er sah gelehrt aus, war zivilisiert, anständig und ausgeglichen. Seine Oberlippe war durch eine Explosion während seines Militärdienstes leicht verletzt worden. […]

Wir gingen zusammen zu einigen *Sadhus*, Gurus und gelehrten *Pandits* im heiligen Benares. Ein Guru gab Peer den Namen ‚Sri Hanuman‘[1]. Ich war weder von der Kompetenz dieses Gurus noch von dem Namen, den er Peer gab, besonders beeindruckt. Da Peer erst seit kurzem im heiligen *Bharat* war, hatte ich das Gefühl, dass er schließlich den ihm entsprechenden Weg finden würde. ‚Schritt für Schritt wird sich der Weg im Gehen für dich öffnen.‘

Peer kam im Frühling, als die Hitze über die Ebenen hereinbrach, zu meinem Himalaya-Rückzugsort. Er wohnte in meiner oberen Sunya-Höhle auf dem Bergkamm. Sie bot einen weiten Blick auf die Landschaft und eine noch größere Weite der Stille. Er genoss die anmutige Einsamkeit im reinen, azurblauen Krishna-Reich, während ihm die *Paramahamsa*-Flügel wuchsen und sich entfalteten. Er hatte den psychologischen Drang zu völliger Offenheit und Nacktheit. Es war das Bedürfnis, natürlich zu sein, ohne

---

[1] Hanuman ist die Affengottheit im indischen Epos Ramayana.

die Lumpen der Ego-Täuschung, der künstlichen Respektabilität oder des Versteckens. In dieser Reinheit werden die geistigen Feigenblätter geradezu unanständig oder zu einer Art vulgärer Prüderie.

Peer fühlte sich in dieser Himalaya-Umgebung mit der Natur, mit Büchern und einem reichen inneren Leben wohl. Im äußeren Spiel gab es die selbststrahlende Stille, den Wind in den Kiefern unter uns […]. Ich ließ Peer allein, außer für einen gelegentlichen Dienst und ein Gespräch. Manchmal […] harkten wir Tannennadeln, schnitten Gras oder hackten Holz – alles Teil unserer Himalaya-Kontemplation.

Peer Wertin hatte ein zweijähriges Stipendium in Indien erhalten, um religiöse und philosophische Lehren zu studieren, aber er gab alles auf, als er sich dem Yoga und der intensiven Selbsterforschung zuwandte. Später machte ich ihn mit Maharshi Ramana in Tiruvannamalai bekannt. In und durch Maharshi kam er schließlich zum vollen Erwachen, zum bewussten Selbst-Bewusstsein oder zur *Advaita*-Erfahrung. ‚Hanuman‘, der Name, der ihm in Varanasi gegeben wurde, fiel ab und ‚Ramanagiri‘, der ihm von Ramana Maharshi verliehen wurde, tauchte auf. […]

Peer wurde durch Maharshis Gnade und *Sahaja*-Erkenntnis gesegnet. […] Ramanagiri befand sich in diesem Zustand der *Advaita*-Erfahrung. […] Als er meinen Ort verließ, ging er auf eine Pilgerreise. Seine *Jiva Yatra* [Pilgerreise der Seele] verbrachte er hauptsächlich in Südindien, an Meeresküsten, im Dschungel und am heiligen Berg Arunachala."[1]

Ramanagiri starb schon Mitte Dreißig an Tuberkulose.

---

[1] dies., S. 60 f.

In Almora

Vor seiner Hütte und im Garten von Kalimath

Sunyata wohnte vierzig Jahre in seiner kleinen Hütte in der Nähe von Almora, die er sich 1936 am Rand des Anwesens von Kalimath (Crank's Ridge) gebaut hatte. Er besaß eine kleine Bibliothek, ein altes Grammophon und einige Schallplatten, die Beethovens letztes Streichquartett beinhalteten. Wenn die Sonne unterging, saß er oft auf der Anhöhe und tauchte in die Stille des Wunders und der Majestät der Schöpfung ein.

„Ja, Guru Wuji ist eigenartig und originell, zumindest erscheint er den gewöhnlichen respektablen Seelen so. Er gibt sich weder mit *Tapas* noch mit *Asanas* oder *Samadhis* ab. In seinem Spiel gibt es keinen Sünden- oder Überlegenheitskomplex. Seine *Sahaja*-Kontemplation ist eine natürliche Spiritualität, und das reicht aus. Er meditiert nicht und konzentriert sich auch nicht auf seinen Nabel, seinen Solarplexus oder sein Shiva-Auge[1], und er hat keine Verwendung für Rituale, Gebete, *Shakti*-Geschäfte oder andere Ego-Macht-Possen. In der Natur und in der Einsamkeit gibt es eine einfache Ego-Freiheit. Alleinsein kann für ihn All-Eins-Sein sein. Im *Advaita*-Bewusstsein verschwindet das Ego. Ich bin die Kontemplation, die inhärente, integrale Gnade. Zu wem also soll man beten? Und wofür? ‚Wer kann dankbar genug sein für die Gnade?‘, fragt er, und seine Antwort lautet: ‚Wei Wu Wei!‘"[2]

Die kleine Hütte war von einem geräumigen Garten umgeben, wo er blühende Sträucher und Bäume gepflanzt hatte. Er hatte Fotos von Heiligen aufgehängt. Die einzigen Möbelstücke waren ein heruntergesessenes Sofa, ein alter Sessel und drei aufeinandergestapelte Holzkisten. An den niederen Abhängen baute er später einige Steinhütten, wo er Besucher unterbrachte. Da es kein Wasser gab, musste er

---

[1] das sog. „dritte Auge" zwischen den Augenbrauen
[2] Camhy: Dancing, S. 246 f. „Wei Wu Wei" ist Sunyatas Wortschöpfung für das Göttliche, meist als Ausruf gebraucht.

zum Wasserholen zu einem Brunnen gehen, der eine halbe Meile unterhalb lag. Zudem sammelte er Regenwasser in einem selbstgebauten Tank.

Weiter oben am Berg hatte Sunyata einen bevorzugten Platz in einer Höhle unter einem Baum, die er selbst ausgebaut hatte. Sie besaß zwei Türen und ein Fenster und hatte eine Feuerstelle mit einem Kamin und einem Wasserkessel sowie eine Liege. Vom Dach der Höhle aus hatte man einen herrlichen Panoramablick über die Gipfel des Himalaya und die tiefen Täler. Dort wohnte er gelegentlich. Er schrieb: „Dunkelheit umhüllt uns, aber die Sternensonnen strahlen schwach. Die Planeten scheinen uns zuzuzwinkern. Ich klettere hinauf zur Höhle um die großen Kiefern herum. Der Mond ist aufgegangen. Sein Licht enthüllt die schneebedeckten Gipfel, die Hunderte von Meilen entfernt sind."[1]

„Unten liegt die Stadt Almora, die kürzlich elektrifiziert wurde. Es ist ein Meer von Licht in den umliegenden dunklen Hügeln. Ich ruhte mich eine Weile unter den Kiefern oben vor der Höhle aus. Als ich erwachte, war der Morgen von irgendwoher gekommen und war heute, und mit ihm kamen die Gedanken an körperliche Bedürfnisse und das tägliche Brot. Denkt nicht an morgen, sagen die Lilien und die Vögel. Aber heute muss ich Wasser aus dem Brunnen holen, und Mehl, Dal und Gemüse aus dem Dorf weit unterhalb meiner Höhle.

Natürliche Aktivitäten und *dharmische* Aufgaben sind Teil meiner ständigen Kontemplation, meiner Akzeptanz und meines Einheitsbewusstseins. Ich erhalte gute Kontemplation, wenn ich in der Natur spazieren gehe und wenn ich um 3 oder 4 Uhr morgens im Bett schreibe. Ich bekomme sie auch, wenn ich fünf oder sechs kleine Hütten baue und

---

[1] dies., S. XXXIII f.

repariere. Ja, die Sorge ums Essen und das Reinigen von Höhlen können lästig sein. Zu Staub habe ich ein gutes Verhältnis! Die Sonne und die reine Luft desinfizieren. Emmanuels Körper hat hier noch keinen Arzt gesehen. Ich genieße meine Spaziergänge, die mich zur Besinnung anregen. Von der Nahrung braucht man sehr wenig, wenn man harmonisch lebt. Man sollte langsam essen und gut kauen. Ein Fastentag kann aus der Not eine Tugend machen, wenn die Vorräte knapp sind oder wenn man auf Reisen ist. Wenn man sattvische [reine] Nahrung zu sich nimmt, verschwendet man nicht viel. Es ist gut, tief die reine Luft zu atmen. All das ist nährend für ein harmonisches Wachstum."[1]

Drei- oder viermal die Woche ging Sunyata den steilen Berg nach Almora hinunter, das etwa 1.000 Fuß (über 300 m) tiefer lag. Der Weg dauerte etwa zwei Stunden. Er war stets gesund und agil, auch mit achtzig. Für ihn war das nicht besonders anstrengend.

Seit Sunyata England verlassen hatte, musste er seinen Lebensunterhalt nicht mehr verdienen. Alles, was er brauchte, erhielt er von selbst. Indien unterstützt seine Asketen und Heiligen, und da er als solcher betrachtet wurde, erhielt er stets alles Nötige. Die Leute boten ihm Geld an, doch er nahm nur so viel, wie er unbedingt zum Leben brauchte. Er sagte über das Geld: „Wenn du nicht hinter ihm herjagst, dann jagt es dich. In Indien musste ich mir nie Sorgen um Geld machen. ... Es fällt einfach herunter wie Manna. In Indien sind die Werte ganz anders."[2]

1950 wurde die Birla Foundation gegründet, um die Grundbedürfnisse der *Sadhus* zu befriedigen. Sie bot Sunyata 100 Rupien pro Monat an. Sunyata akzeptierte zunächst nur 20, später 50 Rupien und meinte, das sei genug.

---

[1] dies., S. XXXI f.
[2] dies., S. XXVIII

Auch als die Preise durch die Inflation stiegen, bat er nie um mehr.

„Ich lebe von dem, was zufällig verfügbar ist und was zu mir kommt. Ich fühle, dass ich dem Himmel nahe bin. Es gibt lebenswichtige Nahrung im reinen Äther und im blauen Raum um mich herum. Ich verlange von niemandem etwas, aber ich kann alles annehmen, was mir im richtigen Geist für meine Bedürfnisse angeboten wird. In der Einsamkeit des Himalaya denkt oder spricht man nicht über irgendwelche Beschwerden, Krankheiten oder Ego-Sorgen. In mir gibt es kein Sündenkomplex, keine Frustrationen und keinen Kränkungskomplex." [1]

Die Einheimischen wunderten sich, dass sich so viele Fremde auf dem Bergkamm niedergelassen hatten, um ein spirituelles Leben zu führen. Hier wohnten Evans Wentz, Lama Govinda und der amerikanische Maler, Schriftsteller und Gelehrte Earl Brewster. John Blofeld, der Experte über den Buddhismus und Autor mehrerer Bücher, war mit seiner chinesischen Frau und zwei Kindern ebenfalls ein Nachbar von Sunyata, zudem Rudolph Ray, ein begabter Maler, mit seiner Frau. Zudem hatten Yashoda Ma und Krishnaprem ihren Ashram in Mirtola in der Nähe von Almora.

Sunyata schrieb über seine Nachbarn: „Die Bewohner auf und um den Bergkamm führen ein einsames Leben. Sie sind freundlich, meiden aber soziale Kontakte. Sie sind der Stille zugetan und hören nicht gerne Radio. Sie studieren Sanskrit, Yoga, abstrakte Malerei und geben sich anderen spirituellen Beschäftigungen hin." [2]

---

[1] dies., S. XXXII f.
[2] dies., S. XXXIV

In Almora,1973

Abgesehen von diesen Nachbarn kamen viele Besuchter nach Almora und verbrachten einige Zeit in den Hütten, die Sunyata in der Nähe seiner eigenen für Gäste gebaut hatte.

Kalimath Ridge wurde von den Einheimischen „Cranks' Ridge" oder „Hippie-Hill" genannt. In den 1960ern kamen viele Hippies und ließen sich dort nieder. Einige von ihnen mochten Sunyata. Sie brachten auch ihre Drogen wie Haschisch mit. Sunyata meinte, dass Drogen zwar einen Blick auf eine andere Wirklichkeit geben könnten, aber gefährlich wie das Spiel mit elektrischen Kabeln seien. Zudem sei das dadurch bewirkte erweiterte Bewusstsein nur temporär und nicht bleibend.

Ein Schild mit der Aufschrift „An die Besucher - Ruhe"
empfing jeden potenziellen Besucher am Eingang seiner Hütte.

„Die westlich konditionierten Hippiejis wimmeln weiter-
hin um Wuji herum, viele von ihnen als Kontrast oder als
Krankheit (dis-ease) und als Ärgernis. Sie versuchen, das
Kind mit dem Bade auszuschütten und sich an unhimalay-
ischen Aktivitäten zu beteiligen. […] Yoga ist in Mode un-
ter den pubertären und kindischen Jugendlichen, vor allem
Hatha-Yoga und der gefährliche Tantra- und Kundalini-
Yoga, schwarze und weiße okkulte Magie, Machtlust und
Ego-Größenwahn, aber es gibt auch einige, die Wuji als
Ex-Hippies bezeichnet, die sicher und ganz durch die dro-
gensüchtigen, sexuellen, verwirrten und zerstörerischen
Ego-Eskapaden und psychotischen Stadien gekommen
sind. Sie sind reifer und intuitiver geboren und entgehen so
den Fallstricken, den Ego-Machtgelüsten und den vielen
aufgeblähten ‚Meistern', die der Guru-Krankheit erliegen.
Und wie immer gibt es einige reife und reine Psychen, die
aufrichtig *Maha Yoga*, intuitives Yoga, *Gupta Yoga*, kon-
templatives Yoga und stilles Yoga lehren, praktizieren und
leben. "[1]

---

[1] Nectar, S. 74 f.

Wuti und Wuji

Während seines Aufenthalts in Almora hatte Sunyata oft einen Hund. Er besaß im Laufe der Zeit mehrere Hunde. Sein erster wurde von einem Leoparden gefressen.

Am Bekanntesten war Wuti, der klein und schwarz-weiß war und 1950 in einem Sack mit einem Tigerjungen aus Tibet mitgebracht wurde. In den nächsten neun Jahren wurde er zu Sunyatas ständigem Begleiter. Er erhielt den Namen „Wuti", weil das das Geräusch war, das er beim Bellen machte. Er ging zum Metzger und setzte sich mit zusammengelegten Pfoten vor den Laden, als würde er

Namaste sagen. Es versteht sich von selbst, dass Wuti gut gefüttert wurde.

Einmal wurde Sunya eingeladen, im „Raum der Stille" mit Anandamayi Ma, zu sitzen. Wuti ging auch mit hinein. Ma's Schüler wurden wütend, weil sie einen Hund als unrein betrachteten, aber Ma winkte ab und meinte: „Wuti ist kein Hund."

Sunyata erzählt: „Wuti wurde in Almora berühmt, viel berühmter als ich. Ich war ein Niemand. Tatsächlich begannen die Leute, mich den ‚Hunde-*Sadhu*' zu nennen, weil es in diesem Teil des Himalaya so viele *Sadhus* gab und man sie auseinanderhalten musste.

Nach zehn Jahren wurde Wuti vergiftet. Es war einer dieser Drogenhändler, die sich ‚Hippies' nannten. In den 1960er Jahren gab es viele von ihnen, die wegen der Drogen kamen und Verbrechen gegen die Stille des Himalaya begingen, darunter Vergewaltigung und Mord. Die Hippies hatten sich ein Haus in meiner Nähe ausgesucht, und eines Tages bemerkte ich bei einem Ausflug ins Dorf, wie Wuti an der Tür dieses Mannes herumlungerte. Wuti muss dort etwas sehr Köstliches gefunden haben, denn ich musste ihn dreimal wegrufen, bevor er wieder kam. Als wir Almora erreichten, konnte ich sehen, dass er vergiftet worden war. Er erbrach sich, hatte Krämpfe und zitterte. Ich trug ihn auf meinen Armen zum Tierarzt, der nicht da war und geholt werden musste. Er kam nach einer Viertelstunde zurück, aber da war Wuti schon tot. Ich trug ihn zurück zu unserer Hütte, wo ich ihn begrub. Es war seine Zeit zu gehen, und so ging er." [1]

Sunyata änderte Wuti später zu Wuji. In der Folge nannte er sein eigenes höheres Selbst Wuji. Das chinesische Wort „Wu" bedeutet Erleuchtung oder Erweckung, aber auch das ursprüngliche Nicht-Seiende, Leere (*Sunyata*). „Wuji" (chinesisch: das Unendliche, Gipfel des Nichts) steht für das höhere Selbst. Sunyata wurde zu Wuji.

---

[1] Sunyata, S. XXXVI

Besuche in Dänemark und Europa

1964 besuchte Sunyata nach 34 Jahren in Indien seine Familie und Freunde in Dänemark. Diese veranstalteten für ihn viele Empfänge. Bei einem solchen Anlass traf er Prinz Peter von Griechenland und dessen Frau. Wie üblich trug er sein braunes, handgesponnene Gewand und einen Turban, den er sich um den Kopf gewickelt hatte. Er sah wie ein indischer Zauberer aus und wurde bald zum Mittelpunkt der Aufmerksamkeit.

Mit dem dänischen Mystiker Martinus Thomsen

Dort lernte er das Ehepaar Ratel kennen, sie Dänin, er Franzose, die beide dem Buddhismus anhingen. Sie luden ihn nach Südfrankreich zu sich ein. Sunyata nahm die Einladung an und verbrachte zwei Wochen bei ihnen, bevor er nach Indien zurückkehrte.

1970 besuchte er erneut Dänemark, diesmal, um seine 92jährige Schwester zu besuchen, die im Krankenhaus lag.

Während dieses Aufenthalts wurden die Medien auf ihn aufmerksam, und es erschienen mehrere Artikel in der lokalen Zeitung von Kopenhagen über ihn und sein Leben in Indien. Vor seiner Rückreise besuchte er erneut die Ratels in Frankreich.

In den USA

In Mill Valley, Kalifornien 1982

Im November 1973 kam eine Gruppe von „Yankee-Jungs und Girlies", die der Alan Watts Society angehörten, zu Sunyata. Sie hatten Lama Govinda, Sunyas Nachbarn, besucht, der auch den Mystiker von nebenan erwähnt hatte. Sie waren von ihm beeindruckt und wollten, dass er in die USA käme. Einer von ihnen rief spontan: „Du wirst nächstes Jahr in Kalifornien sein!" Sunyata erwiderte: „Aber ich habe nichts zu lehren und zu verkaufen." Darauf erhielt er die Antwort: „Deshalb sind wir zu dir gekommen."[1]

---

[1] Camhy: Dancing, S. XXXVIII

Im Oktober 1974 flog Sunyata für vier Monate in die USA. Er meinte: „Ich hatte nicht den Wunsch, irgendwo hinzugehen. Der Körper war 84 und vollkommen erfüllt, zufrieden damit, dass ich eher in den Himmel als nach Amerika gehen würde. Der totale Gegensatz. Es musste geschehen. Ich akzeptierte es. Ich wusste, dass es möglich war, denn sie hatten Lama Govinda hier schon mehrmals finanziert. Bob Shapiro schrieb: ‚In Wirklichkeit muss Sunyaji gar nichts tun.' Deshalb bin ich hier, um nichts zu tun." [1]

Der Besuch wurde von der Alan Watts Society finanziert. Sunyata besuchte Kalifornien, Vancouver, Kanada, Chicago, Buffalo und New York. Er gab *Darshan* im Esalen Institut in Big Sur und in Palm Springs sowie an anderen Orten. Im Februar 1975 kehrte er nach Indien zurück. Obwohl er die meiste Zeit seines Lebens in Stille verbracht hatte, hatte er doch, wohl auch durch seine Notizen und Briefe, eine Art entwickelt, seine Erfahrungen mitzuteilen.

1978 arrangierte die Alan Watts Society für ihn erneut eine Reise in die USA. Diesmal sollte er für immer bei ihnen als Gast in Kalifornien bleiben. Er war jetzt 88. Er sagte: „Ich bin zuhause, wo immer ich bin." Seine Art war unkompliziert und einfach. Viele Leute meinten, ihr Leben hätte sich durch die Begegnung mit ihm geändert. Dazu meinte er nur: „Ich tue nichts. Es geschieht einfach."

Alan Watts altes Hausboot, die S.S. Vallejo in Sausalito, wurde zum Zentrum der wöchentlichen *Satsangs*. Sunyata beantwortete jeden Dienstagabend einer kleinen Gruppe Fragen. Jedes Jahr im April ging er nach Chicago, um einer anderen Gruppe von Suchern ihre Fragen zu beantworten. Er trug ein großes blaues Abzeichen, worauf „Mr. Nobody" stand. Er liebte dieses Abzeichen und hob manchmal seinen Schal, um es mit Begeisterung zu zeigen.

---

[1] dies., S. XXXIX

Letztes Foto in Fairfax, Kalifornien

Bis 1982 lebte er in Mill Valley. Später zog er nach San Anselmo und im Juli 1984 in ein Haus in Fairfax, das für ihn gebaut worden war.

Noch mit 93 war er agil und voller jugendlichem Schwung. Doch am 5. August hatte er einen Autounfall, als er in Fairfax eine Kreuzung überquerte. Im Polizeibericht stand, dass Sunyata an der Ecke Azalea Avenue / Sir Francis Drake Boulevard auf den Fußgängerstreifen trat, als ein Toyota ihn anfuhr. Die Fahrerin bremste, der Wagen geriet ins Schleudern und traf ihn. Er wurde ins Ross Valley-Krankenhaus in der Nähe gebracht. Der Oberschenkelknochen in seinem linken Bein war gebrochen, und Fettablagerungen waren in seine Blutbahn gelangt. Sunyata lag ab

Mitternacht im Koma, aus dem er nicht mehr erwachte. Acht Tage später starb er. Es war Montag, der 13. August 1984, um 9:27 Uhr.

Lehre und Aussprüche

„Mystiker studieren nicht die Mystik, sie leben sie. Sie erleben Gott, und wenn sie Ihn erklären, dann nur nebenbei. Die Erfahrung des Mystikers ist intuitiv. Die Vernunft kann sie nicht erklären."[1]

Sunyata war kein Lehrer im klassischen Sinn und fungierte nicht als Guru. Anfangs konnte er seine Erfahrungen nur schwer in Worte fassen, doch da er zu schreiben liebte, entwickelte er seinen eigenen Stil. Er besaß eine Schreibmaschine, die ihn auch in den Himalaya begleitete.

Mindestens seit den 1930er Jahren schrieb er Tagebücher und Reflexionen in einer höchst eigenwilligen und biswei-

---

[1] Camhy: Dancing, S. 249

len spielerischen Sprache. Oft kombinierte er Englisch und Sanskrit, verwendete obskure literarische Begriffe oder erfand seine eigenen Wörter. Im Jahr 1945 schrieb er seine Autobiografie „Memory"[1]. Weitere Schriften von ihm finden sich in „Dancing with the Void".

Er liebte es, mit Worten zu spielen. So sprach er z.B. von joyous ease (freudiger Leichtigkeit), delightful uncertainty (erfreulicher Ungewissheit), affectionate detachment (liebevolle Distanziertheit) und v.a. von innerstanding (tiefes Verstehen). Innerstanding war für ihn ein besseres Wort als understanding, da seine Bedeutung tiefer war. Er dachte, dass das Wort einmal ins englische Wörterbuch aufge-

---

[1] Es gibt die überarbeitete Version von „Memory" in: Sunyata: The Life & Sayings und die digitale Version „The Nectar of Sunyata" in: https://www.holybooks.com/wp-content/uploads/Nectar-of-Sunyata.pdf

nommen werden würde. Statt disease (Krankheit) schrieb er immer dis-ease (Unwohlsein, keine Leichtigkeit).

„Meine Begriffssymbole wie inneres Verstehen (inner-standing) und Geistesfreiheit (mind freeness) sind nicht gelehrt, aber ein einfacher, unbekümmerter Narr kann mit Worten spielen und geschützt dorthin treten, wohin Engel und Gelehrsamkeit zu treten fürchten." [1]

„Ich denke, unsere Wortsymbole müssen unserer Erfahrung entsprechen. Ob es nun ‚Geist‘, ‚Gedanke‘, ‚Zeit‘ oder ‚Ich‘ ist, ich nenne es Dualitäts-Bewusstsein. In ihnen bin ich im Wesentlichen frei und kann es bewusst sein. Ob ich mir dessen bewusst bin oder nicht, ich befinde mich gelassen in der ‚Mitte‘. Ich bin in der Stille, die in der Gegenwart verweilt. Ich bin immer frei in und nicht von der Sache und der Eigenschaft.

Ich kann wach und in den Gegensätzen bewusst frei sein. Ich kann in den komplementären Gegensätzen spielen, in den scheinbar schönen Unterschieden. Ich kann im Rhythmus frei sein, frei von Anstrengung, frei von Sorge, frei von der Zeit, frei vom Alter und frei von Worten spielen. Ich bin frei in und nicht von. Die Bedeutung liegt, wenn überhaupt, im Gefühlston und in den lebendigen, leeren Räumen oder in der klaren Stille zwischen den schwarzen Linien und den Schattenworten.

Lediglich zu ‚wissen‘ und zu ‚verstehen‘ scheinen mir viel zu mentale Ausdrücke zu sein. Ich erfahre im integralen Bewusstsein, das Unter- und Überbewusstsein einschließt, das Ganze meines Seins. Ich bin der willkürlichen Abstraktionen wie ‚Liebe und Hass‘, ‚Ost und West‘ überdrüssig. Mein freudiges *Ananda* sprudelt hervor, weil wir ein

---

[1] dies., S. XXXVII

gemeinsames Leben teilen. Es ist eine *Karnuna* [Mitge-fühls]-Blase im *Sahaja Prajna* Licht."[1]

„Das ‚verborgene‘ Licht, das in jeder Kreatur und jeder Form scheint, ist nicht verborgen, wenn wir unsere Augen öffnen und hellwach mit dem Leben leben. Es lächelt durch jeden Mitpilger, jeden Baum, jeden Stein und jede Form, an der wir vorbeikommen. Es scheint frei zu sein und vom Licht der Lieblichkeit zu leuchten. Und doch wirkt es nicht fremd. Alles wird natürlich akzeptiert, und nichts wird als hässlich, gemein oder langweilig angesehen.

Ich kann in natürlicher Korrespondenz und stetiger Vollendung leben. Jedes Gesicht und jede Form, die ich mit meinen Sinnen wahrnehme, antworten mir. Es ist, als ob das Leben in Anerkennung seiner selbst lächelt. Das Leben

---

[1] dies., S. 4 f.

wird von mir als das ‚Eine' gesehen – überaus reich und frei nährend." [1]

„Auf dem spirituellen Weg. ‚Nichts bin ich' ist der erste Schritt. ‚Alles ist ich' ist der nächste. Beide hängen an der Idee ‚Es gibt eine Welt, und es gibt ein Ich.' Dann wird auch dies aufgegeben. Es gibt kein Ich oder Egoji als Wirklichkeit. Du bleibst, was du bist – das nicht-duale Selbst. Du bist es hier und jetzt." [2]

„Auf einer Bewusstseinsebene herrschen die Werte des Egos, das Spiel der Dualität und das körperliche Geschlecht vor. In einem anderen Bewusstseinszustand spielen diese Werte und Trennungen keine Rolle mehr. In einem dritten Bewusstseinszustand, dem Selbstbewusstsein, existieren sie nicht. Es gibt ein ‚Erleben der Ganzheit'." [3]

„Tief in jedem von uns steckt das Bewusstsein eines Ursprungs und einer Bestimmung, und dieses Bewusstsein ist ein reines Spiegelbild unseres wirklichen Seins. Sich dieses Ursprungs und dieser Bestimmung bewusst zu sein, während wir durch den Dschungel der Emotionen, die Trugbilder des Mentalen und die Wildnis der Zivilisation pilgern, erfordert, dass wir uns vom Licht der Intuition leiten lassen. Selbst wenn wir in der Dunkelheit stolpern, getäuscht durch das Ego-Bewusstsein, winkt uns dieses Licht immer zu." [4]

„Gautama Buddha war ein Mystiker. Er scheute sich, unaussprechliche Zustände zu beschreiben, die nur durch Intuition gefühlt, erkannt und gelebt werden können. Die Vernunft kann sie nicht erklären. Er schwieg zu metaphysischen Fragen in Bezug auf Gott, die Seele usw. Sein

---

[1] dies., S. 14
[2] dies., S. 157
[3] dies., S. 171
[4] Sunyata, S. 71

Schweigen ist bezeichnend. Es ist eher eine Antwort als ein Ausdruck eines ausgesetzten Urteils. Nach Buddha ist der wahre Ausdruck und die Form der Wahrheit die Stille, das volle, solide, wortlose, zeitlose *Sunyata*."[1]

„Wir können die Stille *Sunyata*, *Turiya*, *Brahman*, Ewigkeit oder Gott nennen. Es ist im Wesentlichen eine Art von *Sahaja Samadhi*, ein Zustand von *Mahakaruna* oder reinem, integralem Gewahrsein. Es impliziert weit mehr als das wortfreie *Mouna*. Es ist tatsächlich ego-freie Stille."[2]

„*Sunya*-Stille ist allumfassend. Sie verinnerlicht alle Formen und Funktionen im göttlichen *Maya-Lila*. Sie ist ein dürftiges Begriffssymbol für das ‚unaussprechliche Erleben'. Es ist das Aufhören der Wünsche und der falschen Identität mit dem Ego. ‚Ich', ‚mich' und ‚mein' sind unanständige Wortsymbole im *Advaita*-Modus des Erlebens. Im Licht der selbstgesteuerten Spontaneität sind wir von Natur aus angstfrei, ego-frei und todesfrei.

Ich war viermal beim *Darshan* von Sri Ramana Maharshi am Arunachala. Seine dynamische und ganzheitliche Ausstrahlung ist unser lebendiges Leuchtfeuer des tatsächlichen *Sahaja Samadhi*. In seiner Gegenwart habe ich keine Frage gestellt und kein Problem geäußert. Wie *Dakshinamurti* in früheren Zeiten lehrte Sri Ramanaji uns und seine Mit-*Rishis* vor allem in reifer Stille, in natürlicher, ego-freier Selbst-Ausstrahlung. Aus dem reinen Bewusstsein des Maharshi strömte ganzheitliche Gnade und inhärente Freiheit. Sie wird still und mühelos in einer Art von Empathie übertragen oder erweckt, je nach unserer Empfänglichkeit und Reife. Das, was sich selbst erkennt, ist im Inneren. Die Einweihung in die intuitive und bewusste Selbstwahrnehmung wird oft durch einen Blick, selten

---

[1] Camhy: Dancing, S. 181
[2] dies., S. 207

durch Berührung und meist in reiner Stille vermittelt. Es liegt an uns, in der Stille des Egos zu sein und uns darauf einzustimmen, es zu empfangen.

Diese *Sunya*-Stille oder *Advaita*-Selbsterfahrung ist im Wesentlichen namenlos und unaussprechlich. Die Intuition für die Erfahrung kann geschult und geläutert werden, aber Behauptungen oder der Versuch, sie mitzuteilen oder zu erklären, sind zwecklos. Worte sind Metaphern, und sie verfälschen das Reale. Namen und Bezeichnungen verbergen die namenlose, unsichtbare Wirklichkeit. Selbst unsere Überzeugungen und Ideale, Konzepte und Abstraktionen sind Hindernisse für die authentische, integrale Selbsterfahrung im nicht-dualen Gewahrsein. Können wir innerlich still sein, um rein zu reflektieren? Können wir in anmutiger Empathie unser Selbst in der Stille der Mitpilger erkennen und sein? Können wir unser Selbst in freudiger Leichtigkeit und in der achtsamen Anmut der natürlichen Spiritualität erfahren?

Im Lichte der Selbst-gesteuerten Spontaneität hören all unsere Fragen und unser Streben auf, oder hören auf, von Bedeutung zu sein. Ego-Vergessenheit ist Selbst-Bewusstsein. In der Ego-Transzendenz erfahren wir, dass wir mehr sind als Menschen, mehr als wählerische, ängstliche und sterbliche Egojis. Wir erfahren, dass es keinen Tod des Realen gibt, dass wir immer real sind.

Wenn wir nach einer solchen *Advaita*-Erfahrung unser *dharmisches* Zusammenspiel in den Realitäten wieder aufnehmen, sind wir natürlich angstfrei und ego-frei im Einklang mit unserem einheitlichen Selbst – überall. In der *Sunya*-Stille können wir uns zeit- und ego-frei begegnen und verschmelzen. Das ist Empathie und *Karuna*, Gnade und Dankbarkeit. Alles ist gut!"[1]

---

[1] dies., S. 207-209

„'Tiefe Kontemplation ist ewige Rede. Stille ist unaufhörliche Beredsamkeit.' Die Sprache des Realen scheint durch Sprechen unterbrochen. Für die Seele, deren inneres Ohr auf die Stimme in der Stille eingestimmt ist, sind unsere wortreichen Gebete für etwas oder für jemanden nicht real genug. Sie beziehen sich auf das unreife Bewusstsein, auf den Scheuklappenzustand der Dualität."[1]

„Alles, was es braucht, ist ein intuitives Aufblitzen in dir, das die Wirklichkeit offenbart – das Gnadenbewusstsein, die Weite, die Ganzheit und die Allgerechtigkeit. Wache auf aus deinem Traum der Dualität und sei dir bewusst, dass alles eins ist, ein nicht-duales Eines. Die Quelle und ich sind Eins. ‚Wir sind immer bewusst, *Sunyata*.' Wir waren schon immer eins mit der Existenz, der Liebe, dem Licht, Gott, dem Selbst, der Wahrheit und der Wirklichkeit.

Synchronizität passiert. Alles geschieht von selbst, spontan und glücklich. Das ultimative Gebet ist ein Monolog, kein Dialog zwischen du und ich. Das Judentum und das Christentum sind dort stecken geblieben. Die Quelle und ich sind ein nicht-duales Eines. Im intuitiven Licht verschwinden alle deine Unterscheidungen, Fragmentierungen und Trennungen. Der erleuchtete Mensch ist nicht mehr da."[2]

„Ruhig, rein und wortlos können wir uns unseres Selbst bewusst sein, sogar im Ego-Spiel und in den *Shakti*-Mätzchen, im Licht des Todes und in der Dunkelheit dessen, ‚was ihr Leben nennt'. Das mystische Licht ist im Inneren, in allen Dingen und allen Veränderungen. Es ist die wirkliche Entsprechung, die unmittelbare, mühelose Übereinstimmung. Die reife Seele lässt sich weder von Ego-Idealen und rosig-süßer Sentimentalität täuschen, noch von

---

[1] Nectar, S. 38
[2] Camhy: Dancing, S. 215 f.

Machtpolitik oder psychischen Stürmen beunruhigen. Sie erinnert sich daran, ihr reines Gedächtnis wiederzufinden.

Unter den Mitpilgern scheinen wir die wenigen zu erkennen, die durch die Schleier gegangen sind, die angekommen sind und die still und mühelos Erinnerung (memory) ausstrahlen. Wahre Hellsichtigkeit bedeutet, das mystische Licht, das von allen Formen und Funktionen ausstrahlt, schwingen zu sehen. Wahres Hellhören bedeutet, die tonlose Stimme der *Sunyata*-Stille, der mystischen Höhle oder unseres inneren Reiches in aller Ruhe zu hören. Wahrer Tod bedeutet, das ego-deformierte Bewusstsein im Licht des gesamten Bewusstseins, des reinen Lebens, das wir SIND, zu entlarven."[1]

„Die Vernunft ist eine nützliche Brücke zwischen Instinkt und Intuition. Nur wenige Pilger können über sie verfügen, solange sie nicht wissen, wie sie ihre intuitiven Flügel einsetzen können. Wenn es sein muss, sollten wir unsere Vernunft behalten, aber wir dürfen uns nicht an sie klammern. Wie die Vernunft muss auch der Glaube zurückgelassen werden. Wenn wir lebendig wissen, brauchen wir nicht mehr an etwas zu glauben. Wenn wir Gott erfahren, sind wir still und ruhig, geheilt von unserer Unruhe, unserer Angst und unserem Bemühen. Wir fühlen uns wohl im Leben, und die Suche nach Liebe bleibt zurück. Je weniger Geschöpfesbewusstsein, desto mehr Gottesbewusstsein. Je mehr wir unser Ego verlieren, desto mehr erkennen wir, dass das, was wir sind, Gott ist. Jener, zu dem das Ewige Wort spricht, wird von der Vielzahl der Meinungen befreit. Was er im Wortreichtum aus den Augen verloren hat, kann er in der Einsamkeit und in der Stille finden."[2]

---

[1] Sunyata, S. 73
[2] ders., S. 81

„Der Wunsch nach einem Zustand der Freiheit vom Verlangen wird dich nicht frei machen. Nichts kann dich frei machen, denn du bist frei. Nimm dein Selbst mit wunschfreier Klarheit wahr – das ist alles. Vertiefe dich in dein Inneres und werde dir bewusst, was in dir wirklich ist. Auch wenn ich dir sage, dass du der Zeuge, der stille Beobachter bist, wird es für dich bedeutungslos sein, wenn du dir nicht den Weg zu deinem wahren Sein bewusst machst. Gib alle Fragen auf, außer einer: ‚Was oder wer bin ich?‘ Denn die einzige Tatsache, derer du dir sicher bist, ist, dass du bist. Das ‚Ich bin‘ ist sicher. Das ‚Ich bin dies‘ ist es nicht. Suche, finde, erkenne und erfahre, was du in Wirklichkeit bist. Das ‚Ich bin‘ selbst ist Gott. Das Selbst zu suchen heißt, Gott zu suchen.“[1]

„Im Bewusstsein der Gnade lösen sich Fragen und Probleme von selbst auf. Es gibt keine Planung, kein Streben, keine Sorge, keine Angst, kein übermäßiges Verlangen, keine Krankheit (dis-ease), sondern eine freudige Leichtigkeit. Spontaneität wird zu einer Lebensweise. Bloßes Glück verwandelt sich in verweilende *Ananda*-Gnade. Wenn du bewusst in der Selbstheit verweilst, wirst du dein Selbst überall als das Selbst wahrnehmen. Wu!“[2]

„Sünde ist nichts anderes als Unwissenheit, Vergessenheit oder Unkenntnis unseres Selbst, des Wortes, des innewohnenden Emmanuel, des Christus in uns. Wir sind viel mehr als menschliche, sterbliche Egojis. Wu![3]

„Im tiefen, traumlosen Schlaf berühren wir die Quelle und erwachen erfrischt für die anstehende Aufgabe im Lebensspiel. Es ist ein kurzer Tod. Der körperliche Tod kann ein längerer Schlaf sein. Im tiefen, traumlosen Schlaf gibt es

---

[1] Camhy: Dancing, S. 216
[2] dies., S. 219
[3] dies., S. 221

keine Erinnerung, kein Ego-Gefühl. Wir können diese Art von Todeserfahrung à la Ramana Maharshi machen." [1]

„Indem wir uns der Vollkommenheit des spirituellen ‚Ichs‘ bewusst sind, wird alles, was wir jemals brauchen, zu uns hingezogen, ohne dass wir uns einmischen müssen. Das ist das Wunder des Lebens. Wir brauchen nicht zu denken oder zu planen, wenn wir im bewussten Einssein mit der Unendlichkeit sind, die wir ‚Natur‘ nennen. Wir lernen, uns auf die unsichtbare Vollkommenheit des Seins zu verlassen, auf die Bewusstheit der Gnade, die du bist." [2]

„Für den kurzsichtigen Blick des westlichen Bewusstseins ist nur ein winziger Teil des Spektrums sichtbar und wird beherrscht. Da uns einige Menschen von ihren schwindelerregenden Ausflügen in das Unbewusste darüber berichtet haben, haben wir das Spektrum erweitert, aber nur geringfügig. Als Kultur mögen wir uns der unter- und überbewussten Schichten unseres psychischen Seins nur schwach bewusst sein, aber für die meisten Individuen sind die Erweiterungen immer noch ziemlich klein und wurden nie direkt erfahren. Instrumente haben uns die für das bloße Auge unsichtbaren infraroten und ultravioletten Strahlen bewusst gemacht. Aber wer wird uns die ganze Weite des Bewusstseinsspektrums offenbaren? Wir werden nur dann ein breiteres, umfassenderes Licht erhalten, wenn wir uns für die weitreichenden Sichtweisen einer weitreichenden Stille öffnen. Durch die Identifikation mit dem Selbst können wir schwingungsmäßig von dem Bereich wissen, in dem alles, was ist (oder jemals war oder jemals sein wird), ein einziges Ganzes ist." [3]

---

[1] dies., S. 235
[2] dies., S. 242
[3] Sunyata, S. 83

„Die Reife liegt in der Fülle der Zeit. Es ist wie mit der Rosenknospe, dem kleinen Küken und dem Schmetterling. Man kann sie nicht zwingen, vor ihrer Zeit zu wachsen. Es geschieht spontan und natürlich."[1]

„Wenn wir beten: ‚Dein Wille geschehe‘, begreifen wir dann, dass dies einen Akt der totalen Hingabe bedeutet? Die Wahrheit ist ganz einfach, aber unser Verstand verkompliziert die Dinge unendlich. Lebe spontan. Licht ist da, aber solange wir uns nicht bewusst sind und uns nicht daran erinnern, den Schalter zu drücken, werden wir in der Dunkelheit bleiben. Durch Bewusstheit drücken wir den Schalter: ‚Es werde Licht.‘ Wir machen das Licht nicht. Das Licht ist bereits da."[2]

„Die äußere Autorität erstarrt, wird institutionell und traditionell. Der Rationalismus wird übertrieben und überbetont. Emotionen werden sentimental, geschwollen und missbraucht. Die Liebe wird klebrig oder verkommt zu Mitleid. Religion wird zu einem Gedankensystem oder einer immerwährenden Philosophie. Erkenne, dass die Weisheit Gottes in deinem Herzen ist. Sie ist dort als sprechendes Wort Gottes in deiner Seele. Sobald du bereit bist zu hören, wird dieses ewige sprechende Wort Weisheit und Liebe sprechen!

Der durchschnittliche Mensch, dessen Seele kaum wach ist, agiert aus dem Ego heraus. Das Ego ist ein mächtiges Zentrum, das über viele Lebensspannen hinweg aufgebaut wurde. Er nennt es ‚Ich‘. Überzeugungen und Gedanken gehören dem Verstand und der Dualität an, während Vertrauen, Glaube und Intuition dem Herzen entstammen. Der Glaube verlässt sich nicht auf die Überzeugungen des Verstandes, sondern nutzt die intuitiven Gefühle des Herzens

---

[1] Camhy: Dancing, S. 242
[2] dies.

als Führer. Das intuitive Licht offenbart die Wirklichkeit. ‚Auch wenn er mich erschlägt, werde ich ihm vertrauen. Der Herr gibt, der Herr nimmt, der Name des Herrn sei gepriesen.‘[1] So sagte der alte Hiob, der Geschwüre, Wunden und Unglück im Überfluss hatte. Was auch immer geschieht, es ist das *dharmische* Gesetz und Allgerechtigkeit.“[2]

„In der intuitiven Weisheit jenseits des Wissens sind alle Dinge lebendig und göttlich. Es gibt keinen Unterschied zwischen der äußeren Sonne und dem inneren Licht. Alles ist heiliges Sein. Die Essenz ist Glückseligkeit und Gnade und die Leichtigkeit des Seins. Die wirkliche Gegenwart ist freudig. Sie entfaltet sich von Augenblick zu Augenblick.“[3]

„Der Himmel, der in unserer Kindheit liegt, ist immer um uns herum und in uns. Es ist nur ein usurpierendes Ego-Bewusstsein, das unser Bewusstsein für diesen Bereich abgestumpft hat. Scheuklappen und Läden falscher Selbstidentifikation verdunkeln das Licht, das immer ursprünglich und gegenwärtig ist, für das Ego. [...]

Wir identifizieren unser Selbst mit den sich ständig verändernden Schatten der tatsächlichen und faktischen Welt und mit unserem physischen Körper, der eines Tages sterben wird. Gott wird externalisiert, und die Psyche geht auf die Suche nach ihrer verlorenen Ganzheit. Wenn das Ego sich als ‚Ich! Ich! Ich!‘ brüstet, ist der mystische Tod die einzige Kraft, die die Ego-Täuschungen auflösen und eine Wiedergeburt im Gewahrsein ermöglichen kann. Unsere Geburt in das Ego-Leben, das, ‚was ihr Leben nennt‘, ist ‚nur ein Schlaf und ein Vergessen‘, ein Tod des Selbst-

---

[1] s. Hiob 1, 21
[2] Camhy: Dancing, S. 249 f.
[3] dies., S. 252

Bewusstseins. Einige Schattenfragmente im Traum des menschlichen Lebens verdunkeln nun das reine Bewusstsein in Farben von Freuden und Leiden, von Stärke und Ermüdung, von Vorlieben und Abneigungen. […]

Die Seele hat ein Gedächtnis (memory), und unsere Intuition wird die Schatten des Verstandes und die Ablagerungen der Begierden auflösen. Die Wahrheit liegt in uns selbst. Was auch immer ein Ego glauben mag, die Wahrheit kann niemals ihre Quelle in äußeren Dingen haben. Es ist nutzlos, sich um einen Eingang für ein Licht zu bemühen, das angeblich außerhalb ist. Es gibt in uns allen ein innerstes Zentrum, in dem die Wahrheit in Fülle wohnt, und das ‚Wissen' besteht darin, einen Ausgang zu öffnen, damit dieser gefangene Glanz entweichen kann."[1]

„Ebenso ist unsere tiefste Freude, unser reichstes Bewusstsein zu real, um es zu erzählen oder auch nur zu denken. Es kann weder in Worte gefasst noch jemandem vermittelt werden, der es nicht bereits auf lebendige Weise kennt. Der Versuch, davon zu erzählen, mag helfen, die Erfahrung für das eigene Selbst (das eigene Ego) zu klären, aber es wird sich bald zeigen, dass es unmöglich ist, anderen zu erklären, was geschehen ist. Was haben andere Egos und Intellekte damit zu tun? Sie winden sich nur und verdrehen Gedanken, denn sie wollen nicht sterben, um ausgelöscht zu werden, um sich zu wandeln oder um der unsichtbaren Sonne des Seins ausgesetzt zu werden, der unsichtbaren Wirklichkeit, die im Allgemeinen ‚Gott' genannt wird.

Es ist besser, kein Bedürfnis zu haben, es dem illusorischen Verstand und dem ebenso illusorische Ego zu erklären. Es ist besser, keinen Drang zu haben, zu verstehen, was lebendig erfahren wurde, und es ist besser, unsere Krankheit (dis-ease) des Wortreichtums zu heilen und zu sein, was

---

[1] Sunyata, S. 87, 89

wir sind. Wir können unsere Wahrheit in der Sprache ausdrücken, die Stille zu sein scheint, weil sie jenseits von
Worten erfüllt ist. Das mystische Lebens-Bewusstsein wird
sich mühelos mitteilen. Unser Versuch ist fatal, vergeblich
und verschwommen. Die Stille ist intuitiv, und viele Pilger
kennen und teilen diese eloquente Sprache. Man ist nie einsam oder allein, wenn man allein in der Einheit ist."[1]

„Wenn wir reifen und unsere Flügel der Intuition kräftiger
werden, werden die Bewusstseinsveränderungen leichter
und natürlicher. Wer gelernt hat, das Ego-Bewusstsein ab-
zulegen, braucht keine starren Trancezustände oder gar
Einsamkeit. Die Einsamkeit liegt im Inneren, und das Reale ist das Natürlichste. Das Tatsächliche, das Faktische
und sogar die Ego-Mätzchen sind ebenfalls Modi des Realen und können auf ihrer eigenen Ebene, in ihrer eigenen
Zeit und an ihrem eigenen Ort als wahr, richtig und unver-
meidlich angesehen werden. Alles ist Teil der unendlichen,
ungebrochenen Vollkommenheit. Sobald alles lebendig
gelebt wird, ist alles vergeben – und es gibt nichts zu ver-
zeihen, nichts zu bedauern.

Wenn wir die lebendige Erfahrung machen, dass es keine
Trennung von dem gibt, was wirklich ist, kann es keine
Anhaftungen mehr geben und auch keine Angst vor dem
Ungewohnten und Unbekannten. Der Geist ist frei im einen
Leben zu Hause, bewusst auf verschiedenen Ebenen der
unterschiedlichen Erlebnisweisen, ebenso in den Ego-Ge-
räuschen wie in der mystischen Stille."[2]

„Wir sind weder der Körper noch der Geist, sondern reines
Bewusstsein. Reifes Erwachen zu beständigem, bewuss-
tem Gewahrsein ist alles. Kontrolliere also nicht den Verstand (wer ist der Kontrolleur?), sondern transzendiere ihn

---

[1] ders., S. 93, 95
[2] ders., S. 101

gedankenfrei. Denken ist immer eine Dualität, während intuitive Gefühle von der Einheit und dem Gnadenbewusstsein kommen können. Meister Eckhart und Angelus Silesius sprechen oft von der Geburt oder dem Erwachen des Emmanuel, des innewohnenden Christus-Bewusstseins. ‚Wenn Christus tausendmal in Bethlehem geboren würde und nicht in dir selbst, wäre es vergeblich.'" [1]

„Die Dinge sind, wie sie sind. Es ist alles *Swalila*. Wir fügen uns nur ein. Unser Part ist es, spontan im Jetzt zu leben, ohne zu urteilen, ohne uns um unser Schicksal zu kümmern, ohne nach Mitleid, Belohnung, Antworten oder Anerkennung zu suchen. Wir sollten den kosmischen Willen in und durch uns geschehen lassen." [2]

„Wir mögen denken, dass wir ziehen und schieben, aber die Wirklichkeit ist eine andere. Wir als Personen sind es, die ständig geschoben und gezogen, benutzt und geführt werden. Wir können unseren Ego-Dünkel von Handlungsfähigkeit und Willen durchaus fallen lassen. Alles ist vollkommene Harmonie." [3]

„Was wir ‚gestern' nennen, ist nur eine Erinnerung, und was wir ‚morgen' nennen, ist nur ein Traum. Keines von beiden existiert in Wahrheit. Es gibt nur das Jetzt, das ewige Jetzt, das für immer ist. Beginne jetzt, genau hier, wo du bist, und lass die Last der so genannten Vergangenheit und die Ängste vor der so genannten Zukunft los. Nur wenn wir ganz in der Gegenwart leben, können wir in Harmonie sein. Wenn wir im Jetzt leben, lassen wir Gott (das Selbst) durch uns leben. Wir werden gelebt. Wir brauchen nicht nach irgendetwas zu streben, um unser Leben zu

---

[1] Camhy: Dancing, S. 257
[2] dies., S. 260
[3] dies.

planen. Die Vergangenheit und die Zukunft sind nur Illusionen.

Wenn wir den persönlichen Willen loslassen und stattdessen dem göttlichen Willen erlauben, sein Leben durch uns zu leben, wird sich alles, was wir brauchen, zur rechten Zeit zeigen. Wenn wir beten: ‚Dein Wille geschehe‘, verstehen wir dann, dass dies einen Akt der totalen Hingabe bedeutet?“ [1]

„Ob Dinge, die wir im Lebensspiel erreichen, oder Dinge, die wir vermissen – für einen Mystiker ist alles akzeptabel. Für ihn ist alles richtig. Es ist alles Akzeptanz des Lebensspiels. Er liebt es im wahrsten Sinne des Wortes, indem er

---

[1] dies., S. 260 f.

das Selbst in allen Dingen, Phänomenen und Geschehnissen wahrnimmt und liebt.

Das ‚Eine' bleibt. Die ‚Vielen' verändern sich und vergehen. Das Licht des Himmels leuchtet für immer. Die Schatten der Erde fliehen. Das Leben des Ichs befleckt das weiße Licht der Ewigkeit wie eine Kuppel aus vielen bunten Sternen." [1]

„Es gibt viele Formen des Mysteriums, und alle sind gut, sogar der Teufel. Im Modus des Einheitserfahrung akzeptieren wir die verschiedenen Betonungen und die wechselnden Schattierungen, wir akzeptieren sie lebendig als unser Selbst im Spiel. Der Tod ist auch das Leben. Warum also Aufhebens machen und sich aufregen? Warum Freude über die Ankunft oder Trauer über den Abschied? Warum vor Angst zusammenzucken oder vor Freude schreien? Nur Kinder, die aufgehört haben, kindlich zu sein, und Mitpilger, die die Erinnerung (memory) vergessen haben, schwelgen in der Mentalität und behaupten, Erinnerungen zu haben. Wir können lebendig wissen. Wir haben eine Erinnerung, vorgeburtliche Weisheit, und wir erinnern uns." [2]

„Das Bewusstsein ist ein Ganzes. Das Ego-Bewusstsein ist ein Teil, ein Teilspiel, das in das Post-Ego-Bewusstsein transzendiert werden kann. In der Stille des Tiefenbewusstseins befindet sich das nicht-duale Erleben, und Emmanuel hat es ohne Gedanken und ohne äußere Guru-Anleitung intuitiv erfahren. Und klugerweise versuchte er nicht, seine Einsicht und sein intuitives inneres Verständnis im Wortreichtum der Egojis auszudrücken oder zu behaupten." [3]

„Aus welchem Zentrum leben wir? Vom Standpunkt der integralen Weisheit oder des empirischen Ganzheitsbe-

---

[1] dies., S. 261
[2] Nectar, S. 37 f.
[3] dass., S. 50

wusstseins aus gesehen gibt es die Einheit in und jenseits von Yoga und Vereinigung, jenseits des Bewusstseins des Einen. Es gibt die Gnade von *Mahakaruna*. Aus der Sicht der Ich-Liebe hingegen gibt es Dualität, Subjekt und Objekt, Kriege der Gegensätze und das Spiel der vielen wechselnden und illusorischen Formen. Mein Körper, meine Seele, mein Leben, meine Beziehungen, meine Besitztümer. Wer ist das Mich, das ICH, ICH, ICH, das ein Leben, eine Seele, einen Verstand und ein Egoji zu verlieren und zu hegen hat? Es ist die Unwissenheit unseres Ego-Bewusstseins, die unseren Kummer, unsere Angst und unsere Aufregung verursacht. Selbsterfahrung und integrales Leben erschaffen kein neues Sein, sondern beseitigen die einfache wie auch die ‚erlernte Unwissenheit‘.

Die integrale Ganzheit, die Gnade und der Frieden, die Intellekt und Anstrengung übersteigen, werden als unser wahrer natürlicher *Sahaja*-Zustand offenbart. Der einfachste Weg, sich von Kummer, Angst und *Shakti*-Geschäften zu befreien, besteht darin, ganzheitlich zu erwachen und so das Selbst zu sein, einfach, lebendig und bewusst gewahr.

Ein noch verkörperter Maharshi […] erkannte und verkündete Wuji als ‚einen der seltenen geborenen Mystiker‘ und erinnerte ihn daran, dass ‚wir immer bewusst sind‘. Wir mögen alle Mystiker sein, aber wir vergessen unser Selbst – und das Seltene mag darin bestehen, dass wir es weniger schnell und weniger vollständig oder überhaupt nicht vergessen. Hat Wuji wirklich das Selbst-Gedächtnis bewahrt, auch im Ego-Spiel? Er sagt, dass er nicht dankbar genug für die Gnade sein kann, obwohl er jeden gesegneten Tag dankbar ist, dass die Dinge so sind, wie sie sind, und dass das, was IST, so ist, wie es ist, dass er ist, wie er ist: Das ICH BIN ist das ICH BIN."[1]

„Die wirkliche Stille hat nichts mit Tönen oder gar menschlichen Geräuschen zu tun, sondern mit Begierden, Wünschen und Egozentrik. ‚Dein Wille geschehe' ist kein Gebet, sondern eine einfache Aussage des Bewusstseins. Der Wille wird immer getan, und Ego-Freiheit ist förderlich für die Gnade, die freudige Leichtigkeit in allen karmischen und *dharmischen* Aktivitäten und allen Wechselbeziehungen in *Swalila*."[2]

„Der wahre Guru ist das Selbst, der innewohnende Christus, auch wenn das Egoji sich nach einem sichtbaren, persönlichen und individuellen Guru-Gott zur Führung und Unterstützung sehnen mag. Daher wird der Guru zunächst

<hr />

[1] dass., S. 56 f.
[2] dass., S. 72

in der äußeren Welt der Aktivitäten und Angelegenheiten gesucht und mit Form, Namen und Ort in der zeitlichen Ordnung gefunden, in irgendeiner menschlichen Form und mit irgendeiner persönlichen Identität. […] Für diese Vollendung braucht man nicht woanders hinzugehen.

„Consummatum est"[1], nicht nur am Ego-Kreuz, sondern die ganze Zeit über ist alles Bewusstsein. Keine besondere Robe oder Auszeichnung oder Anmaßung der Guru-Rolle für das höchste, integrale Bewusstsein in menschlicher Form, das sich bescheiden und unprätentiös unter uns bewegt. Die Wahrheit kann nicht von Egojis erreicht oder

---

[1] „Consummatum est" (Es ist vollbracht) bezieht sich auf Jesus Worte am Kreuz (Joh 19,30), womit Sunyata den Zustand der Vollendung und Vollkommenheit meint.

besessen werden. Sie ist mit uns und in uns, seit wir in dieses Lebensspiel, *Swalila,* gekommen sind.

Das Guru-*Shishya*-Konzept [Lehrer-Schüler-Konzept] ist heute weit verbreitet, aber *Parabrahman* ist in jedem von uns. Man muss nur nach innen schauen, um dies zu erfahren. Kein menschliches Wesen kann der wahre Guru sein. Es ist das Egoji, das einen Menschen dazu veranlasst, die Rolle des Gurus zu übernehmen. Ramana Maharshi hat sich nie als Yogi, Guru oder einer, der auf orthodoxe Weise ins spirituelle Leben einweiht, ausgegeben. Das Gleiche gilt für J.K. [Jiddu Krishnamurti] und Anandamayi. ,*Aham Brahmasmi*' (Ich bin Brahman) und ,*Soham*' (Ich bin Er)[1] sind vorwegnehmende Erklärungen: Das Erleben ist voller *Andanda*-Stille."[2]

„Im Zustand der Andacht ist alles gut. Unter den Wellen der Oberfläche und den Schaumflocken der schönen Unterschiede liegt die harmonische, anstrengungslose und vereinigende Übereinstimmung. Das eine Leben ist bewusst überall in der *Lila* immanent, und indem wir es transzendieren, hören wir auf, mit Worten und Gedanken zu spielen, die keinen Boden finden. ,Miss das Unermessliche nicht in Worten. Versenke die Schnur des Gedankens nicht im Unergründlichen.' Es gibt keine Tabelle dafür, was am beständigsten ist. Die Gedanken zerbrechen. Der Intellekt ist transzendiert, und siehe da, die Wirklichkeit ist sich ihrer selbst bewusst. Wenn das Rinnsal der Gedanken aufhört, den ,*Manas*'-See (Geist-See) aufzuwühlen und zu trüben, wird er klar und ruhig, um das Wort zu reflektieren, die allein geschaffene Sonne der Stille.

Wer kann schlammiges Wasser klar machen? Lass es in Ruhe und still. Es wird sich klären und die Sonne und den

---

[1] zwei der großen vier Aussagen (Mahavakyas) aus den Upanishaden
[2] Nectar, S. 81 f.

Sternenhimmel widerspiegeln. Die lebendige, intuitive Weisheit oder die direkte Erfahrung der Wirklichkeit ist unabhängig von Symbolen, von Gedanken, von Empfindungen, vom Lernen, von Bildung, von Stellung und von Umständen. Wenn wir den fragenden Verstand und unsere Einbildung, etwas bewirken zu können, überwinden, können wir offen sein für den Atem des Himmels, offen, um die mächtige Stimme der inneren Stille zu hören und sogar unsere Identität mit dem universellen kosmischen Selbst zu kennen.

Das reife Ich wird ruhig und klar, und still löst es sich auf. Der Intellekt muss ‚ja' zu dieser Vernichtung sagen, denn nur so kann der Geist frei reisen, und die Angst zerreißt sich in der Vollendung […]. Der dumme, kluge Intellekt rätselt darüber, was geplant ist und was nicht. Was kann er von Dingen wissen, die über ihn hinausgehen? Seine Misserfolge und seine Erfolge können nur auf das lebendige Jenseits hinweisen, das auch im Innern ist, und wenn er damit fertig ist, kann er schweigen wie ein gutes und gut benutztes Werkzeug.

Wenn das Leben selbst bewusst und in einem Zustand der Andacht gelebt wird, braucht es keine Worte oder Gebete. Wenn man mit dem Buch der Natur vertraut ist, braucht man keine Worte oder das Buch der Worte. Man kann sich auch des eigenen, fleischgebundenen Bandes jedes Einzelnen lebendig bewusst sein. Ausgewogene Introspektion und Extrospektion, das Hinausgehen und Hineingehen in ruhiger, harmonischer Gelassenheit, führt zum Bewusstsein des Mikrokosmos im Inneren, und siehe da, in diesem Bewusstsein ist das Leben ein offenes Buch, und wer läuft und schnell ist, kann lebendig lesen."

Chronologie

1890, 27. Oktober: Geburt von Alfred Julius Emmanuel Sorensen in einer kleinen Farm im Norden Dänemarks in der Nähe von Århus

1897: besucht eine kleine Dorfschule

1904: Die Familienfarm wird verkauft. Er verlässt nach der 8. Klasse die Schule.

1906: vierjährige Ausbildung in Gartenbau in Dänemark

1910: arbeitet im Gartenbau in Italien und Frankreich

1911: geht nach England, wo er als einfacher Gärtner arbeitet

1913: hört die Vorträge von Annie Besant und kommt mit der Theosophischen Gesellschaft in Kontakt

1929: trifft Rabindranath Tagore, der ihn nach Indien einlädt, um dort die Stille zu lehren

1930: reist über Land durch Palästina, Ägypten und dann mit dem Schiff nach Sri Lanka und weiter nach Indien; zu Gast bei Rabindranath Tagore in Westbengalen

1932: reist über den Landweg nach England zurück, wobei er durch Basra, Babylon, Bagdad, Damaskus und Istanbul kommt

1933: kehrt nach Indien zurück, wo er, abgesehen von kurzen Reisen in den 60ern nach Europa, die nächsten 45 Jahre bleibt

1934: zu Gast bei Jawaharlal Nehrus Familie

1935: Begegnung mit Mahatma Gandhi; hört zum ersten Mal von Ramana Maharshi

1936: besucht Ramana Maharshi zum ersten Mal, wobei Ramana ihn als einen „der selten geborenen Mystiker" bezeichnet; baut seine Hütte nahe Almora am Ausläufer des Himalaya

1938: besucht Ramana Maharshi zum zweiten Mal

1940: besucht Ramana Maharshi zum dritten Mal, wobei Ramana ihm telepathisch die Worte: „We are always aware, *Sunyata*" (Wir sind immer gewahr, *Sunyata*) übermittelt

1945: schreibt seine Reflexionen, die er „Memory" (Gedächtnis, Erinnerung) nennt

1946: letzter Besuch bei Ramana Maharshi

1953: erlangt die indische Staatsbürgerschaft

1964: besucht seine Familie und Freunde in Europa

1974: besucht Kalifornien als Gast der Alan Watts Society

1975: kehrt nach Indien zurück

1978: siedelt dauerhaft nach Amerika über, lebt in Mill Valley, Kalifornien, kommt regelmäßig nach Chicago

1984, Sonntag, 5. August: hat einen Autounfall in Fairfax und fällt ins Koma. Am Montag, dem 13. August, stirbt er.

Glossar

Advaita: die Lehre der Nicht-Zweiheit, alles ist Eins
advaitisch; dem *Advaita* entsprechend
Advaita Vedanta: die höchste Erkenntnis des *Advaita*
Ananda: Glückseligkeit
Archarya: spiritueller Lehrer
Asana: Haltung bei Yoga-Übungen
Baba: Vater
Bhagavan: Herr oder Gott, eine ehrfürchtige Bezeichnung
Bharat: Indien
Brahman: das Absolute, die höchste unpersönliche Wirklichkeit
Chela: Schüler
Chit: Bewusstsein
Dakshinamurti: Gott Shiva, der durch Schweigen lehrt
Darshan: Anblick; der „Anblick" (Besuch) des spirituellen Lehrers oder einer Gottheit
Dharma: das natürliche, kosmische Gesetz; richtiges Verhalten im Leben
dharmisch: dem *Dharma* entsprechend
Gupta Yoga: eine Yogaform
Guru: spiritueller Lehrer, der das Selbst verwirklicht hat, wörtlich: einer, der die Dunkelheit vertreibt
Jiva: Lebewesen
Jnana: Erkenntnis, Weisheit
Jnani: Weiser, Erkennender
Karma: hier: Yoga des Handelns
Karuna: Mitgefühl
Lila: das Spiel des Lebens, das göttliche Spiel
Lingam: Symbol für den unmanifestierten Shiva
Mahakaruna: großes Mitgefühl
Maha Rishi: großer Weiser
Maha Yoga: das große Yoga
Manas: Geist
Maya: Illusion
Maya-Lila: Spiel der Illusion
Mouna: Schweigen
Nirvana: Zustand, wenn das *Samsara* ausgelöscht ist
Pandit: Gelehrter

Parabrahman: höchstes *Brahman*
Paramahamsa: Ehrentitel für einen Meister
Rishi: Weiser
Sadhana: spirituelle Übung
Sadhu: Bettelmönch
Sahaja: der natürliche Zustand
Sahaja Prajna: natürliche transzendente Weisheit, höchste Weisheit
Sahaja Samadhi: das natürliche *Samadhi*
Samadhi: höchste Erfahrung der Einheit des Seins
Samsara: das Rad von Geburt und Tod
Satsang: Treffen von Leuten auf dem spirituellen Weg
Shakti: die aktive Kraft Gottes, die Energie, die die Welt am Laufen hält
Sunya: nichts, Leere
Sunyata: Die buddhistische Leere von *Sunyata* beinhaltet, dass alle Lebewesen und Phänomene ohne Seele oder wesentliche Essenz sind, was bedeutet, dass alle Menschen, Dinge und Vorfälle nach außen hin zwar wirklich und substanziell erscheinen, in Wirklichkeit aber flüchtig und unsubstanziell sind.
Swalila: das Spiel des Selbst, Gottes
Tapas: Übungen der Entsagung
Turiya: der „vierte Zustand", der die drei Zustände von Wachen, Träumen und Tiefschlaf transzendiert
Vichara: Selbstergründung
Wu: gleichzeitig ja und nein; so sei es!

Literaturverzeichnis

Camhi, Betti; Rai, Gurubaksh: Dancing with the Void: The Innerstanding of a Rare-Born Mystic, San Diego, 2001

Ebert: Ramana Maharshi: Sein Leben, Norderstedt, 2011

The Nectar of Sunyata: https://www.holybooks.com/wp-content/uploads/Nectar-of-Sunyata.pdf (02.01.20214)

Sunyata: The Life & Sayings of a Rare-born Mystic., ed. and compiled by Betty Camhi and Elliott Isenberg, Berkeley, 2nd ed., 1993

The Typewritten Manuscripts: https://www.holybooks.com/sunyata-alfred-julius-emmanuel-sorensen (02.01.2024)

Fotos von Sunyata: https://www.meditation.dk/sunyata.htm (02.01.2024)